Alois Weidacher

Lebensanker
in gesellschaftlichen Umbrüchen

Impressum

Lebensanker in gesellschaftlichen Umbrüchen

© 2017 Alois Weidacher

Verlag und Druck tredition GmbH

Halenreie 40-44

22359 Hamburg

ISBN 978-3-7439-7954-3
ISBN 978-3-7439-7955-0
ISBN 978-3-7439-7956-7

Lebensanker in gesellschaftlichen Umbrüchen

Lebensanker
in gesellschaftlichen Umbrüchen

Vorwort

Die anschließend niedergelegten Gedanken sind als persönliche Reflexion über das eigene Leben gedacht. Sie haben keineswegs den Anspruch, lebensphilosophisch, soziologisch oder theologisch zu überzeugen. Sie sind ein Versuch zu reflektieren, wie sich die eigene Sicht auf das Leben und die ‚Selbstfindung' in einer Zeitphase großer gesellschaftlicher, wirtschaftlicher und kultureller Veränderungen entwickelt hat. Was in Form von Behauptungen formuliert ist, sollte vielmehr als Ausdruck der eigenen Standortsuche und als Einladung zum Dialog verstanden werden. Die vorliegenden Überlegungen enthalten größere Abschnitte des Schriftstückes „Weltbilder im Wandel und unser spiritueller Kompass"[1].

---

[1] Weidacher, A., Hamburg 2016

1 Wissend oder suchend: eine entscheidende Weichenstellung?

Die Beziehungen zwischen den Menschen werden in hohem Maße durch Grundhaltungen bestimmt: ob wir mit der Haltung von Wissenden den Mitmenschen begegnen oder aber mit einer Grundhaltung von Suchenden, die den Mitmenschen mit anderen Erfahrungen auf Augenhöhe begegnet, wissend, dass alles Wissen weitere Fragen aufwirft und dass wir immer Suchende bleiben. Wir erfahren so die Gemeinsamkeit, das Verbindende im Suchen und nicht im Wissen.

In vielen Ländern wird inzwischen das soziale Miteinander auf der rechtlichen Basis demokratischer Regeln geordnet und gesteuert. Diese Regeln sollten Unrecht und Gewalt verhindern; sie sollten verhindern, dass Menschen in bestimmten Situationen die Grenzen des moralischen Instinktes, der in kulturellen Traditionen niedergelegt ist, überspringen. Neben den politisch sozialen Regelwerken stützen auch religiös kulturelle Normen ein sozial angepasstes Verhalten. Darüber hinaus bleibt immer die Frage, ob sich die Menschen in den so geregelten Sozialsystemen zu ‚besseren' Menschen entwickeln. Ändert sich deren genetische und epigenetische Grundlage, so dass sie in allen möglichen Lebenslagen und gesellschaftlichen Verhältnissen gerechter und humaner handeln?

Haller R.[2] ist der Meinung, dass „jeder Mensch in sich seine Abgründe hat" und dass es nicht gelingen kann, die „Persönlichkeitszüge (so) zu verändern", so dass Unrecht und Gewalt verhindert werden.

Ist es auch nicht möglich, dass eine spirituell religiöse Erfahrung das an sich gewaltfähige, gewaltgeneigte EGO öffnet, den Menschen davon befreit? Wir ahnen die in einem derartigen Ansinnen versteckte Gefahr, wollten wir annehmen, dass es uns zu besseren Menschen macht oder dass wir die Befreiung als unsere Leistung zu verbuchen glaubten. Es würde uns in eine verhängnisvolle Position von besseren, sozialeren, wissenderen Menschen bringen und damit ein solidarisches Miteinander torpedieren. Spirituell-religiöse Erfahrung, die aus Vertrauen erwächst, in allen Situationen wie auch in unserer gegebenen EGO-Verfassung im Grunde des Lebens (‚Gott') ange-nommen, aufgefangen und geborgen zu sein, gibt Kraft und macht frei für das Miteinander ohne dass es uns als bessere Menschen ausweist.

Moralische oder mit Sanktionen gestützte soziale Regeln steuern unsere Verhaltensweisen und ermöglichen ein Maß an Sicherheit im Miteinander. Eine spirituelle Erfahrung, die aus dem Vertrauen erwächst, mit dem eigenen Wesen und Handeln angenommen und geborgen zu sein, nährt den Wunsch, eins zu werden mit diesem bergenden Sein

---

[2] R. Haller R. Haller, 2017: Jeder Mensch hat in sich seine Abgründe. Das Zeitwissen-Gespräch. In: Zeitwissen, Nr 01, 2017 S.2928-34

(‚Gott') und drängt uns damit zu einer wohlwollenden, solidarischen Herzenshaltung: einander anzunehmen, wie wir vertrauen, angenommen zu sein.

Auf der religiös-/spirituellen Ebene spielen diese Grundhaltungen eine besondere Rolle. In den traditionellen religiösen Botschaften steckt ein zweifacher Anspruch:

- dass eine Botschaft direkt von Gott an die Menschen (durch einen Vermittler) gegeben wurde, bzw. dass die Botschaft/Lehre/ Aufklärung durch die Erleuchtung eines Menschen zustande gekommen sei
- dass Menschen mit der Weitergabe dieser Botschaft beauftragt wurden und diesen eine besondere Position zur Unterweisung der Menschen zukommt. Damit verbindet sich der Anspruch, mit einem menschlich unüberprüfbaren Auftrag ausgestattet zu sein, in besonderer Weise erleuchtet und wissend zu sein

Wohl könnten Menschen aus diesen Botschaften ein tieferes Verständnis der menschlichen Situation gewinnen, aber darin steckt auch die Versuchung, mit angemaßtem Sendungsbewusstsein und Wissen andere belehren und führen zu sollen. Damit übergehen wir den `Weg von unten`. Unsere inneren Sehnsüchte, unsere Wunden und Kränkungen bleiben verschüttet[3]. Die Botschaft kann so nicht Menschen wirklich nahe kommen.

Wie wird sich die allzugängliche Informationsflut in den individualisierten Gesellschaften auf ein religiös/ spirituelles Engagement der Menschen auswirken? Wird man sich in institutionelle, hierarchisch organisierte religiöse Traditionen zurückziehen, die so vertraute Burg verteidigen, weil man in einer Öffnung den Weg ins Verderben befürchtet? Oder werden immer mehr Menschen, denen die gewohnten Wegweisungen und Bindungen abhanden kommen, ohne einen persönlichen spirituell/religiösen Anker frei floaten? Werden die Herausforderungen durch die neuen Unsicherheiten und die individuell zugängliche Informationsflut eine ehrliche, unvoreingenommene und an den menschlichen Lebensfragen ansetzende Suche nach gemeinsamen Lebenswerten und -hoffnungen verstärken?

---

[3] ebenda, S. 33-34

2 Unsicherheitserfahrungen in einem global geöffneten Orientierungsrahmen

Die politischen, sozialen, wirtschaftlichen und technischen Grundlagen unserer Lebensführung haben sich in den nordatlantischen Ländern in den letzten Jahrzehnten stark verändert. Unsere ideellen Instrumente, religiöse und politische, die unsere Lebenssicht getragen haben, mit denen wir uns zugehörig wussten, sind instabiler, gar beliebiger geworden durch die individualisierte Existenzgestaltung, die digitalisierte Kommunikation und die Meinungsvielfalt, die Öffnung in Weltanschauungen und Lebensdeutungen.

Die Welt erscheint voller Möglichkeiten und Bedrohungen, die Zukunft voller Unsicherheiten. Wir erleben die neuen Möglichkeiten und Herausforderungen ohne die Grundlagen alter Sicherheiten und Bindungen.

Eine persönliche Sicht der Welt zu gewinnen, zu entdecken, wer wir selbst sind und in unserer Beziehung zu den Mitmenschen, wohin wir selbst unterwegs sind, gehört zum Kern unserer Persönlichkeit. Ein Leben lang, und nicht nur in unserer jugendlichen Entwicklungsphase, stellt sich uns die Frage, wer wir sind, wo wir stehen und wie wir unsere Lage in einem größeren Ganzen einordnen. Die persönliche Standortfindung, das persönliche „im Lot sein" geschieht nicht einmalig für das Leben, wir suchen es ständig neu indem wir Veränderungen um uns herum wahrnehmen, reflektieren und uns weiterentwickeln. Wir sind durch unsere Herkunft genetisch unterschiedlich dafür ausgestattet, erhalten unterschiedliche erzieherische Impulse und durchlaufen unsere je eigenen persönlichen Erfahrungen. Wir erleben Zugehörigkeits- sowie Rollenchancen und Hindernisse[4]. Wir verorten uns im engeren und weiteren sozialen Zusammenhang, ethnisch, politisch, religiös und in Bezug auf gesamtgesellschaftliche Zukunftschancen und –bedrohungen. Um in unserer Sinngebung offen zu bleiben, müssen wir uns bewusst sein, an welchen „Ankern" von Vorstellungen unsere Sinngebung hängt. J. Honerkamp[5] folgt den Überlegungen des großen Physikers W. Heisenberg indem er feststellt, dass jeder Mensch in der Frage „nach dem richtigen Leben und Zusammenleben der Menschen" ….„früher oder später gewisse Einstellungen zur ‚Grundlage des Lebens' machen muss, um in etwaigen Lebenssituationen auch zu Entscheidungen fähig zu sein".

Die Lebensgefühle vieler Menschen in den wohlhabenden nordatlantischen Ländern werden in letzter Zeit zunehmend belastet durch einen Mix aus

---

[4] A. Adler, 2013: Der Sinn des Lebens, Berlin
[5] Honerkamp, J., 2013: Was können wir wissen? Mit Physik bis zur Grenze verlässlicher Erkenntnis. Berlin Heidelberg, S. 68

umfassenden Unsicherheiten und Ängsten vor zukünftigen Entwicklungen.

Vor allem die klimatischen Veränderungen nähren tiefe Befürchtungen. Aus der Forschung wissen wir inzwischen, dass es Leben vernichtende Katastrophen gegeben hat, allein insofern erscheinen sie auch in der Zukunft möglich. Umweltbelastungen durch die industrielle Produktion und durch unser Verbraucherverhalten haben sich so etabliert, dass ein radikaler Ausstieg nicht mehr machbar erscheint, zu spät kommt und aus nationalen und unternehmerischen Interessen nur eingeschränkt oder gar nicht akzeptiert wird. So mehren sich die Stimmen, die die Menschheit unaufhaltsam auf eine gigantische Katastrophe zusteuern sehen; zumindest glaubt man sich einig in der Wahrnehmung, dass eine weitere Entwicklung so nicht ohne Katastrophe erfolgen könne. Ein radikales Zurück aus den inzwischen gewachsenen Strukturen ist nicht vorstellbar. Aus den gewachsenen Strukturen entwickelten sich Interessenkonflikte, weil sie nicht frühzeitig in ihrer Entstehung verhindert oder ausgeräumt wurden. Dies gilt für eine Reihe politischer, ethnischer aber auch marktwirtschaftlicher, finanzpolitischer und datentechnischer Konflikte. Zur Bewältigung der Konflikte fehlen gegenseitiges Vertrauen und gemeinsame Bewertungsmaßstäbe.

Der technische Fortschritt, die Mobilität und die digitalisierte Kommunikation fördern die wirtschaftliche, politische und soziale Vernetzung. Dies begünstigt grenzüberschreitende Kapitalströme, Produktions- und Arbeitsplätze, - damit auch wirtschaftlichen Konkurrenzkampf, Unsicherheit in der persönlichen Existenzgestaltung und großstädtische Konzentration, dazu auch grenzüberschreitende Umweltbelastungen und Kriminalität. Wir erleben uns als Bürger/Innen innerhalb nationaler Gesellschaften und erfahren den Macht- und Kontrollmangel der staatlichen Organe gegenüber den Global Players von Unternehmen, Finanzagenten und digitalen Agenturen. Wir erleben die Schwierigkeiten zu politischem Konsens oder auch zur Organisation gemeinsamer Interessen im persönlichen Umfeld.

Radikal verändert haben sich auch die ideellen Grundlagen unserer Lebensorientierung. Menschen leben heute weit weniger in nicht näher hinterfragten politischen oder religiösen ideologischen Weltbildern. Die ältere Generation mag sich wundern, wie weit dies zur Zeit ihrer Kindheit durchaus noch üblich war. Das naturwissenschaftliche Wissen lädt uns heute ein, uns selbst als Teil der Natur zu erleben, in gleicher Weise den Zufällen und ursächlichen Bedingungen im Lebenskampf unterworfen. Wir leben nicht mehr in Vertrauen in ein göttliches Eingreifen zu unserem Schutz oder für unseren Erfolg. Unser Wissen um Naturkatastrophen in der Vergangenheit, in Verbindung mit aktuell wahrnehmbaren Gefahren (ob menschenverursacht oder nicht) stellt uns vor eine offene Zukunft.

14

Naturwissenschaftliches Wissen, vielfältige digitale Information und die Erfahrung der Meinungsvielfalt liefern Informationen und Erfahrungen. Sie befreien von hergebrachten Bindungen, aber sie lassen die Menschen auch allein mit der schwierigen Aufgabe, eine stabile persönliche Position zu entwickeln, einen eigenen Lebensanker auszumachen. Unsere religiös spirituell ideelle Lebensdeutung steht dazu vielleicht ratlos im Wartestand; eine aktive persönliche Orientierung, die Suche nach den Koordinaten für unsere Lebensdeutung riskiert in Tagesgeschäften unterzugehen.

Traditionelle Verpflichtungen, Konventionen, Regeln haben ihre Bindungskraft verloren. „Jeder muss im Schleudersitz der eigenen Biografie selbst die Frage beantworten: Wer bin ich?"[6]
Die seit den 60-iger Jahren sich vollziehende Individualisierung der Lebensverhältnisse in Verbindung mit digitalisierter Kommunikation ereignet sich in einem komplexen Wandel von Lebensbedingungen:
• Stark erweiterter Zugang zu Bildung, bzw. höherer Bildung, speziell von Frauen, Verkürzung der beruflichen Arbeitszeit, starke Zunahme der Berufstätigkeit von Frauen mit der Notwendigkeit zu eigenständiger Existenzvorsorge, Rückgang von Beschäftigung in wenig qualifizierten Berufen,

---

[6] Hamburger Bildungsserver, Individualisierung und Globalisierung; www.Hamburg.de

instabiler werdende Berufsbilder, höhere Anforderungen zu Fortbildung und Umschulung, höhere berufliche Mobilität, unspezifische Zuordnung von Bildungsabschlüssen zu beruflicher Verwendung einerseits, Spezialisierungsanforderungen andererseits, Veränderung/Destabilisierung der beruflichen Identität

- Zunahme von Freizeit für Hobbies und persönliche Interessen, Wohlstandssteigerung, höhere Zeitverwendung dafür, weniger gemeinsame Familienzeit, gesteigerte Vielfalt von Konsumangeboten mit steter technischer und modeabhängiger Neuerung,
- Wandel in Rechtsgrundlagen: Scheidungsmöglichkeit ohne Schuldklärung, Recht der Kinder auf gewaltfreie Erziehung, Stärkung der Autonomie und Einzigartigkeit des Einzelnen, Lockerung von Autoritätsstrukturen in Haushalten, Zunahme von Single- und Paarhaushalten ohne Kinder
- Zunahme der Akzeptanz unterschiedlicher sexueller Beziehungsgestaltung und unterschiedlicher Lebensformen
- Zunahme öffentlicher Erziehung von Kleinkindern in Kitas, Kindergärten und Ganztagsschulen
- Erweiterte kognitive Kompetenzen durch längere und höhere Bildung bei späterem Berufseinstieg und längeren Phasen kognitiver Orientierung, Förderung der selbstbestimmten Entscheidungen
- Differenzierung von Meinungs- und Interessenpositionen, Lösung von traditionellen und ideellen Bindungen (Familie, Politik, Kirche), verstärkte

Schwierigkeit für Institutionen Meinungs- und Interessenpositionen zu bündeln

Diese noch unvollständig aufgezählten Veränderungen erfordern, dass der Einzelne die Lebensgestaltung zu seinem persönlichen Projekt macht. Die neuen Chancen durch Wohlstand, beruflichen Aufstieg, verfügbare Informationen, Freiheit der Meinung und Lebensführung etc. sind Errungenschaften, auf die wohl die Wenigsten verzichten möchten. Aber was, wenn dieses „Ich-Projekt" (Anerkennung und Zugehörigkeit zu erfahren, Freunde zu haben, schulisch und beruflich erfolgreich zu sein etc.), aus ganz unterschiedlichen Gründen nicht gelingen will? Im Zuge der globalen Öffnung und der Individualisierung von Lebensbedingungen haben sich viele Sicherheiten aufgelöst, so die Geborgenheit in einer rollenstrukturierten und wertegeleiteten familiären Gemeinschaft, die noch vorwiegend konkreten Berufsbilder und Berufsrollen, die man anstrebte, eine mehr in der Tradition vermittelte Zugehörigkeit zu politischen oder religiösen Gemeinschaften.
Menschen erleben sich damit in ihren Hoffnungen und Befürchtungen davor, was die Zukunft bringt, verunsichert, sie erleben die globale wirtschaftliche, politische und soziale Öffnung als Bedrohung der Besitzstände und ihrer Identität.

Im Verweis auf die persönliche Verantwortung für die Lebensgestaltung als „persönliches Projekt", sehen wir

17

uns mit Unsicherheiten auf 3 Ebenen konfrontiert: auf der persönlichen Ebene in der Frage, was man aus sich machen will in einem weniger verlässlichen Rahmen für die eigene Zukunftsgestaltung, auf der nationalen Ebene im Blick auf die sozialen Strukturen und in Bezug auf globale internationale Aufgaben.

3 Lebensdeutung auf der Grundlage eines naturwissenschaftlichen Weltbildes

Forschung: Woher wir kommen, wohin wir streben

Naturwissenschaftliche, insbesondere neurobiologische Erkenntnisse haben unser Lebens- und Weltverständnis verändert. Die Evolution lässt nach verbreiteter Meinung kein Ziel erkennen, sie bringt nicht perfekte Lebensformen hervor und sie geht ihren Weg mit oder ohne Zutun der Menschen über Leben vernichtende Katastrophen[7].

Die menschlichen Fähigkeiten zur technischen Entwicklung und kulturellen Gestaltung beindrucken uns Menschen als ihre eigenen Produzenten: in der Erforschung der Materie, des Weltalls, der Grundlagen unseres Bewusstsein, in den medizinischen Leistungen zur Lebenserhaltung und Wiedererlangung der Gesundheit, in der Raumfahrttechnik, in der Kampf-technologie, in den technischen Möglichkeiten zu globaler Information, Kommunikation und Mobilität, im Einsatz der technischem Möglichkeiten, das Leben angenehmer und gesünder zu gestalten.

Gewaltig sind die kulturellen, insbesondere technischen Leistungen der Menschen im Verlauf dieser kurzen Geschichte. Wir erforschen und nutzen den Weltraum mit Satelliten, Raketen und Raumstationen. Wir

---

[7] Fischer, E.P., 2017: Die Unbelehrbarkeit des Menschen. In: Lesch, H.; Kamphausen, K.: Die Menschheit schafft sich ab. München/Grünwald, S. 487

erforschen das Wesen der materiellen Elemente auf der Suche nach der Urmaterie , ihrer Herkunft und nach dem Warum des kosmischen Prozesses.

Kosmische Evolutionsschritte mögen von uns erkennbar sein, aber ihr konkretes „Wie" ist aus unseren raumzeitlichen Wahrnehmungen nicht nachvollziehbar.

Mit neuen technischen Möglichkeiten archeologischer Forschung und genetischer Analyse vermögen wir die Spuren der Menschen auf unserem Planeten über viele tausende Jahre zu rekonstruieren. Gleichzeitig erleben wir, wie die von Menschen geschaffene Technik fortschreitend ihre Lebensbedingungen, ihr Verhalten, ja selbst ihr Wesen verändert. Die genetische Forschung und die Hirnforschung versprechen viele Möglichkeiten, die gesundheitliche Grundlage und die emotionale und kognitive Leistungsfähigkeit der Menschen zu verbessern und zu steigern. Die biotechnische Forschung bemüht sich, schrittweise Kontrolle über die in der Evolution angelegten genetischen Prozesse zu gewinnen, die vorgegebene natürliche Auslese mit gentechnischen Verfahren zu modifizieren.

Wir versuchen, Leben aus lebloser Materie zu erschaffen und die Entwicklung des menschlichen Bewusstseins aus neuronischen Grundlagen und ihrer Interaktion mit der Umwelt nachzuweisen. Wir beeinflussen neuronische Prozesse, mindern, stärken, erhöhen oder lenken ihr Wirken. Wir verbinden elektronische Medien mit körperlichen Funktionen. Wir speichern unsere Informationen und Befehle in elektronische Informationsträger, die nach unseren Vorgaben Entscheidungen treffen und Tätigkeiten ausführen.

In der Erforschung von Zusammenhängen zeigt sich, dass Neues nicht aus der Summe zugrundeliegender Elemente entsteht, sondern im Austausch und in Wechselwirkungen zwischen Elementen. Wir erfahren, dass nichts von dem, was wir untersuchen, uns selbst eingeschlossen, eine Eigenständigkeit und Unabhängigkeit besitzt.

Die Aufmerksamkeit der Forschung richtet sich auf die Funktionen des Gehirns, darauf wie das Bewusstsein funktioniert. Die Frage nach der möglichen Existenz einer unsterblichen Seele verliert an Bedeutung, zumal eine solche Existenz oder Nichtexistenz ohnehin nicht beweisbar ist. Wenn das Vertrauen in eine unsterbliche Seele als lebenssinngebende Dimension weithin abhanden gekommen ist, so bleibt uns doch der Glaube an die Fähigkeit des menschlichen Geistes nach den letzten Grundlagen und dem Sinn des Ganzen zu suchen. Ist die geistige menschliche Tätigkeit nicht einfach ein Produkt aus der Summe seiner physischen Anlagen, so bleibt die Frage letztlich noch unbeantwortet, was davon vom Menschen über seinen physischen Tod hinaus bleibt und gegebenenfalls in welcher Weise. Als religiös gläubige wie nichtgläubige Menschen können wir darin einig werden, dass wir dazu einen Glauben haben können, aber nichts wirklich wissen.

Auswirkungen auf unser Gottes- und Menschenbild

Wir erleben uns aber heute unmittelbarer den Gesetzen der Natur im kosmischen und planetarischen Raum unterworfen, ohne ein zusätzliches göttliches Eingreifen. Die naturwissenschaftlichen Kenntnisse über die kosmische und biologische Entwicklung und hier ganz besonders die neurobiologischen Befunde haben Auswirkungen auf das Gottes- und Menschenbild, das die Religionen bisher vermittelt haben. Heute werden religiöse Vorgänge in ihrer neurologischen Basis im menschlichen Gehirn wissenschaftlich untersucht. Es wird versucht, die Entstehung geistiger Aktivität auf dieser Basis als eine späte Frucht der Entwicklung zu erklären, als ‚emergente‘ Phänomene oder Eigenschaften des komplexen Gehirns. Diese Erklärungen kommen ohne die Annahme einer unsterblichen Seele aus. J. Honerkamp bilanziert in einer Analyse zu einem Beitrag von P. Becker über naturwissenschaftliches Denken und Gottesglauben: „Wenn der Mensch keinen Geist besitzt, ‚der sich außerhalb der Naturdeterminanten stellen kann‘ gibt es nur noch kausale Zusammenhänge in unserem Leben, unseren Wünschen und Gefühlen, also auch keine Bedeutung, keinen Sinn und keine

Zukunftsgerichtetheit, die übernatürlich gegeben wird"[8]

Die Forschung zur menschlichen Evolution ist mit Fragen nach dem Woher und nach dem Zeitpunkt der Ausbildung geistiger Fähigkeiten in der Entwicklung konfrontiert. Ab wann in der Evolution gilt ein so entwickeltes Wesen als ‚Mensch', besitzt er einen Geist, der auch außerhalb der Kette von Ursache und Wirkung aktiv sein kann? Die Forschung kann feststellen, welche neurobiologischen Anlagen und Aktivitäten mit welchen geistigen Reaktionen zusammenhängen. Sie stellt fest, dass geistige Aktivitäten aus dem Zusammenspiel komplexer neuronaler Prozesse hervorgehen. Sie kann damit noch nicht den Übergang in die Bewusstseinstätigkeit erklären und was es im persönlichen Erleben bedeutet.

Bis vor kurzem (und weithin noch immer) glaubte man an die Eigenständigkeit der geistigen Potenz des Menschen (nicht nur als ‚neurobiologisches Produkt') und der Seele. J. Honerkamp erläutert wie die katholische Kirche in diesen Fragen an Hand des kirchlichen Lehrbuches (Katechismus 1995) die Brücke zwischen ihren traditionellen Lehrmeinungen und den naturwissenschaftlichen Erkenntnissen zu schlagen versucht: zum einen schaffe Gott die Dinge so, dass sie die eigene Entwicklung mit bewirken und zum anderen

---

[8] Honerkamp, J., 2013: Was können wir wissen? Heidelberg, S. 327

23

trägt und leitet Gott die Entwicklung[9]. Wird damit nicht wieder die Vorstellung von einem göttlichen Wesen in menschlichen Bildern unterstützt. Erwarten wir als aufgeklärte Menschen, dass ein ‚Gott' uns beschützt, zu unseren Gunsten eingreift, unsere Bitten hört? Können wir ein transzendentes Wesen als Lebensgrund mit unseren raum-zeitlich verfügbaren Dimensionen denken? Wenn wir die naturwissenschaftlichen Kenntnisse zu den menschlichen Lebensgrundlagen ernst nehmen, wenn wir dabei auch nicht übersehen, gegen wie viel Leiden durch Naturgewalten und menschliche Gewalt sich das Leben behaupten musste, wenn wir auch die Augen nicht verschließen vor dem Unrecht zwischen den Menschen in unseren Tagen und vor den Zukunftsperspektiven, die uns ängstigen, so hat dies vermutlich auch Folgen für unser mögliches Erleben eines uns tragenden aber schweigenden Lebensgrundes (`Gott`).

Die Physik, aber auch buddhistisches Denken, lehren uns, dass die Wirklichkeit an sich und wie sie der Mensch wahrnimmt zweierlei sind; dass das von uns Wahrgenommene eine relative Wahrheit ist.
Wir sind im religiösen Bereich dabei, uns bewusster zu werden, dass wir von ‚Gott' nichts wissen können. Wir können über ‚Gott' nicht anders denken und reden als in Vorstellungen und Bildern, die wir unseren begrenzten zwischenmenschlichen Erfahrungen

---

[9] ebenda S.314

24

entnehmen. Heute ziehen es nicht wenige Menschen vor, von ‚Gott' als einem uns nicht begreifbaren Prinzip zu denken. So vermeiden sie von ‚Gott' zu denken und zu sprechen, wie von einem irdischen Herrscher. In den rituellen Texten der Religionen wendet man sich an ‚Gott' dankend, bittend, verehrend in menschlichen Bildern; man bittet um Schutz, Gnade, Verzeihung, Vergebung, will seine Forderungen erfüllen. Dabei wird man unterscheiden, ob wir über ‚Gott' als absolut transzendentes Wesen notgedrungen mit unseren Bildern von ‚Person' sprechen oder ob wir ihm in unseren Erwartungen und Bedürfnissen, Eigenschaften und Verhaltensweisen unterstellen, die wir aus dem Umgang zwischen uns Menschen entnehmen.

Wir müssten naturwissenschaftlichen Erkenntnissen folgend geistige Fähigkeiten, Bewusstsein und religiöse Motivation als Entwicklungsprodukte der Natur, ‚von unten' denken. Der Mensch kann sich selbst reflektieren. Aber er kann das Sein der Dinge nicht von außen, sondern als Teil des Kosmos nur aus der Innenperspektive erforschen. Werden wir `die Wirklichkeit hinter den Dingen', die letztendliche Natur der Welt erklären können? Ob wir dies schaffen können oder nicht, wir werden nie beweisen können, dass es eine transzendente Macht geben muss.

Einheit des Lebens und eine Menschheit

Milliarden Menschen bevölkern den kleinen Planeten Erde, einen kleinen Stern im unermesslichen Weltall; Ein Planet, auf dem sich in Milliarden Jahren Leben entwickelt hat. Nur winzig kurz ist unsere menschliche Geschichte auf dem Hintergrund des langen kosmischen Entwicklungsprozesses.

Es gilt inzwischen fast weltweit als naturwissen-schaftlich nicht mehr bestreitbare Tatsache, dass der Mensch in seiner Entwicklung dem Tierreich entstammt. Wir haben theoretisch die Fähigkeit entwickelt zu erkennen, dass wir ungeachtet unterschiedlicher Rassen, Ethnien oder Lebens-philosophien mit gleichen Rechten einer Menschheit angehören. Das allgemeine Menschenrecht verbietet Menschen Gewalt anzutun, sie als Menschen zweiter Klasse zu behandeln. Jeder Mensch hat ein Recht auf existentielle Lebensmöglichkeiten. Wir betrachten unseren Planeten mit dem Heimatrecht für alle Menschen und sehen uns in der Verantwortung, ihn bewohnbar zu erhalten. In vielen nordatlantischen Ländern gilt ein soziales Regelwerk, das auch in der Praxis das Recht des Einzelnen auf ein gewaltfreies, selbstbestimmtes Leben sichert. Aber diese sozialen Regelwerke stehen in einer gewaltigen Bewährungs-probe, sofern sie nicht in der Lage sind, die Diskrepanzen in überregionalen Anstrengungen zu bewältigen, die zwischen ihren Wohlstandslagen und sozialen Sicherheiten einerseits und den Notlagen durch klimatische Katastrophen, fehlende Erwerbs-

26

chancen und Gewaltkonflikte im Rest der Welt bestehen.

Lebensempfinden im Wissen um die Entwicklung des Lebens

Welche Folgen hat es für unsere Lebensdeutung und für unser Lebensgefühl, wenn wir zur Kenntnis nehmen, - wenn wir wirklich davon ausgehen, dass alles Leben aus einer Urmaterie entstanden ist, dass die Evolution der kosmischen Materie und des Lebens auf unserem Planeten in Wechselwirkungen begründet ist? – auch wenn wir dabei noch nicht ermitteln können, wie aus der Summe der Teile bzw. ihren Wechselwirkungen etwas Neues entstanden ist. Wie, wenn alles Leben von den Bakterien bis zur heute vorhandenen Vielfalt der Lebewesen, bis zum Menschen unserer Tage, sich aus den ersten Informationsträgern des Lebens selbst erzeugt und entwickelt hat, dass unsere geistigen Fähigkeiten aus einem Zusammenspiel neuronaler Vorgänge entstanden sind? Wohl können uns weder die Naturwissenschaften noch die spirituellen Erfahrungen überprüfbar sagen, wie aus dem „Nichts" der kosmische Kern entstanden sein soll, woher und wozu es die Urmaterie gab, woraus der mögliche „Big bang" entstanden sein soll, woraus, wie und in welcher Wechselwirkung der Sprung zum spezifisch menschlichen Bewusstsein sich ereignet haben soll.

Die naturwissenschaftlichen Einblicke zeigen uns, dass das Leben evolutiv entstanden ist und Leben selbstschaffend, ‚emergent' zu bewussten geistigen Fähigkeiten gelangt ist. Dies, wobei wissenschaftlich ungeklärt bleibt, auf welchem Wege genau genetische Informationsträger zustande gekommen sind und auf welchem Wege der Sprung zu geistigen Fähigkeiten sich ereignet hat. Die naturwissenschaftlichen Einblicke haben uns erkennen lassen, dass die Wirkungen nicht in den messbaren ‚Dingen' selbst liegen, sondern in den Wechselwirkungen.

Was bedeutet es für unsere Daseinsdeutung und für unser Lebensgefühl, wenn wir zur gesicherten Überzeugung kommen, dass unser Bewusstsein aus Aktionen im Netzwerk von Neuronen im Gehirn hervorgeht? Naturwissenschaftliche Erkenntnis belegt, dass Leben sich aus Urmaterie entwickelt hat und sie stellt auch fest, dass der menschliche Geist auf eben diesen Grundlagen entsprungen ist. Alte religiöse Bilder von einer sehr dinglichen Erschaffung der Welt, des Lebens, des menschlichen freien Willens und einer von ‚Gott' gegebenen Seele verlieren damit ihre Deutungsmacht.

Mehr denn je sind wir heute mit neuen technischen Mitteln archeologischer Forschung und genetischer Analyse in der Lage unseren kosmischen Entwicklungsprozess theoretisch zu rekonstruieren. Wir erleben uns nicht nur als Ergebnis einer unheimlich komplexen und langen Entwicklungsgeschichte. Sie lässt uns auch erkennen, dass unsere zukünftigen Lebensbedingungen mit Katastrophen verbunden sein können, wie wir sie aus der Vergangenheit rekonstruieren. Unsere menschliche Geschichte schrumpft auf winzige Einheiten in der in Milliarden gemessenen Evolutionszeit. Wir erleben unser Dasein und unsere Umwelt als Momentaufnahme, mit dem Gefühl aktueller Bedrohungen und der Unsicherheit, was uns morgen erwartet.

Wo ist dann ein ‚Gott', in den wir vertrauen sollen; wie kämen wir in Verbindung zu ihm? Unsere Vorstellungen von einem transzendenten Wesen verwickeln uns dabei in Widersprüche. Bewusst oder nicht bewusst stecken dahinter Vorstellungen von einem transzendenten Sein oder Wesen

- als ein Gegenüber zu uns, aber doch nicht identisch mit der Natur
- als ein perfektes, zeitloses Sein neben einem unselbständigen, veränderlichen, leidbelasteten, zerstörerischem Sein
- als erleuchtete Vollendung des kosmischen Seins

Wenn wir davon überzeugt sind oder zu vertrauen versuchen, geborgen zu sein in einer Macht oder in einem Sein hinter dem wandelbaren, vergänglichen Dasein, so benutzen wir notgezwungen Bilder aus unseren Erfahrungen und konstruieren ein Absolutes: wir denken uns ein solches etwaiges transzendentes ‚Wesen', das selbst bedingungslos Erfüllung ist von dem, was in unseren Bedürfnissen unerfüllt bleibt: Bestätigung, Macht, Geborgenheit, Sicherheit, Liebe.

4   Leben in der digitalisierten Gesellschaft

Wir leben in einer digital technisierten Welt. Von überall auf dem Planeten haben wir mit entsprechender digitaler Ausrüstung Zugang zu globalen Informationen. Auf diesem Wege können wir uns über die Lebensbedingungen weltweit informieren, über politische, wirtschaftliche und soziale Ereignisse; wir können eine gewaltige Wissensbibliothek nutzen, um Antworten auf unsere Fragen zu finden und wir können sie jederzeit als Unterhaltungsmaschine in Anspruch nehmen. Eine gewaltige Fülle von Eindrücken und Wissen dringt in unsere persönliche kleine Welt ein. Inmitten all dieser Informationen verorten wir unsere Lebenssicht und unser Weltbild. Es ist das spezielle Los der modernen Lebensexistenz, auswählen zu können und zu müssen, welchen Weg man gehen will[10].

Wir nutzen digitale Techniken in den allermeisten Lebensbereichen vom Beruf, über Privathaushalt, Bildung, Verkehr, Konsum, Unterhaltung, Forschung etc. Sie beschleunigen die Entwicklung und drängen uns zur Anpassung an neue Bedingungen. Wer mit den digitalen Techniken nicht umgehen kann, ist in den Möglichkeiten der Lebensgestaltung benachteiligt. Einer Umfrage folgend (Allensbach 2015) verbringen wir durchschnittlich zwei und mehr Stunden täglich im Internet. Die digitalen Techniken erweitern unsere

---

[10] Ph. Riederle, 2013: Wer wir sind und was wir wollen. München

Möglichkeiten und sie konfrontieren uns immer mit der Frage, wozu und wie wir sie nutzen. Digitale Techniken geben vielen Menschen ein Gefühl des Vernetzt-seins, sie vermitteln per Knopfdruck Zugang zu globalen Informationen. Sie ermöglichen Preisvergleiche und mühelose Onlineeinkäufe. Mit digitalen Techniken hat die wissenschaftliche Arbeit in vielen Bereichen enorme Fortschritte gemacht.

Digitale Techniken dienen im Konsumbereich nicht selten auch zur Ablenkung von realen Anforderungen. Es fehlt uns nicht selten der Sinn für den erforderlichen verantwortlichen Umgang mit diesen Techniken: sie ermöglichen unkontrollierte Weitergabe von Information, fördern voreilige Bewertungen, begünstigen ein trügerisches Gefühl total informiert zu sein, ohne es im Bewusstsein und in Gefühlen verarbeitet zu haben.

5   Standortsuche in neuen sozialen Strukturen

Wir begegnen den neuen Bedingungen und Erkenntnissen auf gesellschaftlicher Ebene mit einem unterschiedlich konsequent ausgeprägten demo- kratischen solidarischen Regelwerk. Demokratische Prinzipien (wenngleich in Gesellschaften unter- schiedlich selektiv wahrgenommen und realisiert), sollen auf dem Mehrheitswillen der Bevölkerung beruhen, die Rechte der Person insgesamt und speziell von Minderheiten und Benachteiligten schützen, und so ein gerechtes, gewaltloses und solidarisches Verhalten sichern.

Dieses Regelwerk einer politischen Grundlage der Gesellschaft wird von mehreren Seiten bedroht:

Teile der Bevölkerung und der Führungsschicht können versuchen, es zu unterlaufen oder die vorhandenen Nischen zu ihren Gunsten zu nutzen. Wenn das soziale Regelwerk zu leicht unterlaufen werden kann, dann fühlen sich Teile der Bevölkerung in ihrem Rechtsempfinden und in ihrem Vertrauen in das Regelsystem hintergangen.

Die Regeln können dem Rechtsempfinden in Teilen der Bevölkerung widersprechen. Viele erklärte Ziele im politischen und privaten Bereich stehen in Widerspruch zu unserem praktischen Handeln: unser Markt- und Kaufverhalten, unser Verhalten zur Schonung der Umwelt usw.. Wir spüren die Inkonsequenz in unserer Lebensführung, was wir produzieren, exportieren,

33

nutzen und konsumieren. Die von uns geschaffenen Strukturen erscheinen uns nicht mehr umkehrbar. Vor uns sind Abgründe und wir hoffen, dass es ‚schon irgendwie weitergehen wird'.

Eine bedeutende Konfliktquelle ergibt sich aus dem schwierigen Zusammenspiel von Mehrheitsinteressen und dem geforderten Schutz der Persönlichkeit und von Minderheiten.

Ein grundsätzliches Problem ergibt sich aus der begrenzten Wehrhaftigkeit der auf Gewaltfreiheit verpflichteten Gesellschaft (Gewalt anwendende Verteidigung nur, wenn alle Mittel zu gewaltfreier Verständigung/Verteidigung ausgeschöpft sind). Wir erleben die Verletzbarkeit des Gemeinwesens mit humanitären und demokratischen Regeln gegenüber politischer und militärischer Gewalt.

Einerseits mögen die demokratisch solidarischen Ziele in christlichen Wertvorstellungen verwurzelt sein, andererseits ist festzustellen, dass religiöse Führungen und ihre Völker vielfach massiv gegen diese Wertvorstellungen verstoßen haben.

Auf diesem Hintergrund stellt sich die Frage neu, was denn darüber hinaus der religiös-spirituelle Beitrag leistet: ist es die spezifische religiös-kulturelle Lebensbegleitung (ein gemeinsames, feierliches Begehen von Lebensereignissen mit religiöser Symbolik und Deutung)? Oder liegt er im Versuch, unser Leben vom „Jenseits" her, aus dem transzendenten Sein zu interpretieren? Entspringt er zum einen einer gemeinsamen Erwartung und Sehnsucht, im Lebensgrund gesichert und angenommen zu sein, zum anderen einer ehrlichen menschlichen Erfahrung, dass wohlwollendes, solidarisches Handeln richtig und gut ist, der richtige Weg ist, ohne wirklich zu wissen, wohin er führt. Welches spezifische Element zur Lebensgestaltung bringt die christliche Botschaft von Kreuz und Auferstehung ein?

Eine demokratische, auf Gewaltfreiheit, Frieden und Solidarität verpflichtete Gesellschaft, wird sich ebenso wie eine ihrer religiösen Botschaft (z.B. die christliche) verpflichtete Gemeinschaft im Spannungsfeld zwischen Anspruch und Wirklichkeit wiederfinden.
Die christliche Botschaft baut auf Vertrauen in die Geborgenheit des „Allmächtigen, Allwissenden und bedingungslos Liebenden" und sie bietet die Zusicherung der ‚Auferstehung', dass Solidarität und Liebe Gewalt und Hass überwinden werden. Reicht dies als Grundlage, die Spannung zwischen Anspruch und Wirklichkeit auszuhalten, ist sie eine Kraftquelle zum solidarischen Engagement? Ist sie Quelle von Sicherheit und Motivation? – nicht nur Beruhigungsmittel und Trost in der Hoffnung auf ein besseres ‚Jenseits'.

6 Wie zu Hause in alten und neuen Welten

„Verstehen und Verstanden werden, das ist Heimat". So klingt es in der neu geforderten Identitätsfrage unserer Tage.

Es gibt nicht die perfekt funktionierende demokratische Gesellschaft. Eine Gesellschaft, in der alle Bevölkerungsgruppen nach Alter und regionaler Arbeitsmarkt - und Wohnlage ihre Wohlfahrt und ihre Zukunftsvorsorge gesichert erfahren; eine Lage, in der sich die Menschen infrastrukturell vernetzt und in der sie ihre Interessen auf der Führungsebene wahr-genommen erleben. Stattdessen sind auch die Gesellschaften mit gut strukturierten demokratischen Regelwerken mit Schwächen und Mängeln behaftet, wie sie im vorigen Abschnitt angesprochen wurden: ungleiche Informations- und Bildungslagen, defizitäre infrastrukturelle Vernetzung, ungleiche Chancen zur Wohlstandsmehrung und Wohlfahrtssicherung, Schwächen in der Verbindlichkeit sozialer Regelwerke, im Schutz individueller Rechte von Tätern und Opfern, von Individuum und Gemeinschaft etc. Diese und weitere Unvollkommenheiten und Schwächen haften den demokratischen Gesellschaften an, auch insoweit sie noch ohne die Herausforderungen aus der Öffnung zur globalen Welt agieren konnten.

Auch Religionsgemeinschaften haben mit inneren Spannungen zu leben. So, wenn die Gläubigkeit bei den Mitgliedern an die Lehrinhalte und die vorgegebenen moralischen Richtlinien abnimmt; wenn theologisch dogmatisierte Lehrinhalte weltfremd erscheinen und moralische Richtlinien mit dem sozialen Lebens-empfinden nicht vereinbar erscheinen; wenn die rituellen Feiern in ihrer theologischen Sprache ab-gehoben und auf dieser Ebene einerseits nur zur feierlichen Begehung von Lebensereignissen genutzt werden, andererseits als Ausdruck der eigenen Sehnsucht einer transzendenten Verankerung des Lebens. Ein Spannungsverhältnis ergibt sich, wenn biblische Texte rein als ‚Wort Gottes' und nicht als Lebensdeutung wahrgenommen werden

Demokratische Gesellschaften wie aber auch Religionsgemeinschaften sehen sich durch die Öffnung zur globalen Welt vor ähnlich gelagerten Heraus-forderungen.
Das Dasein-Empfinden der Menschen hat sich auf der Grundlage naturwissenschaftlicher Erkenntnisse, die nun auch auf breiter Ebene zugänglich sind, verändert. Die zeitlichen und räumlichen kosmischen Dimensionen der Entwicklung sind mit unseren Sinnen nicht nachvollziehbar und sie lassen ein Entwicklungsziel nicht erkennen. Gleichwohl hat die Wissenschaft gemeinsame Wurzeln des Lebens und einen gemeinsamen genetischen Code nachgewiesen. Wir ahnen das Ineinandergreifen, das Wechselspiel in gegenseitiger Abhängigkeit, ein unverrückbares Gesetz von Ursache und Wirkung. Wir finden heute auf dem Hintergrund gigantischer technischer und kultureller Leistungen eine Konstellation von Bedrohungen in der

Natur, in der von uns belasteten Umwelt, in sozialen Konflikten, die uns verunsichern und ängstigen. Unsicherheiten und Ängste gehören (neben dem Vertrauen in die menschlichen Fähigkeiten der Daseinsgestaltung) zu den Grundgefühlen unseres Lebens. Wir bangen um die materielle Existenzsicherung (Arbeitsplätze, Renten, Ersparnisse), wir ängstigen uns vor möglichen Katastrophen durch klimatische Veränderungen und kosmische Einwirkungen, vor Auswirkungen des Bevölkerungswachstums, vor Lasten und Folgen von Krieg, Terror und Migration, vor nationalistischem Machtterror, vor weltweiten gesundheitlichen Gefahren. Die fortgeschrittene Individualisierung der Lebensführung in den nordatlantischen Gesellschaften (Lockerung von Familienbindungen, eigenständige Existenzbewältigung, Beziehungspflege und Informationsverarbeitung) vermittelt ein Gefühl atomisierter Existenz, der Ohnmacht im Meer der Meinungs- und Interessenvielfalt. In diesem Kontext erhalten die unentbehrlich gewordenen digitalen Assistenten der Information und Kommunikation (Handy, I-pad, I-phone etc.) besondere Bedeutung.

Die ideologische Lagerbindung in den politischen Parteien hat in den letzten 25 Jahren stark abgenommen, der Blick gilt stärker den objektiv fachlichen Programminhalten und den Führungspersönlichkeiten. Damit tritt auch die Diskrepanz zwischen erklärten Zielen und ihrer Realisierung stärker ins Blickfeld, die wiederum mit der authentischen und ehrlichen Gestalt der Führungspersönlichkeit verbunden wird. Je mehr die Aufgaben aus der globalen Öffnung die Aufmerksamkeit und Ressourcen erfordern, umso dringlicher wird es, die Kohärenz innerhalb des nationalen Gemeinwesens in den wichtigen existentiellen Grundlagen (Wirtschaft, Arbeitsplätze, Bildung, Daseinsvorsorge, etc.) herzustellen und zu erhalten. Einerseits sind es eine ganze Reihe von Vorteilen, die der Wandel zu globalen Welt ermöglicht: den enormen Zuwachs an Informationen und Kommunikationsmitteln, eine Währungseinheit, der weltweite Austausch an Gütern und Diensten, die Begegnung der Kulturen und Erfahrungen der Zusammengehörigkeit. Andererseits werden Aufmerksamkeit und Ressourcen stark für globale Aufgaben beansprucht, für die Bewältigung von kriegerischen Konflikten, zur Abwehr von Terror, zur Bekämpfung von Ursachen der Migration, und zur Förderung von Integration von Migranten, gegen Umweltzerstörung und zur Verhinderung und Bekämpfung klimatischer Katastrophen oder Naturkatastrophen, zur Gestaltung eines fairen Welthandels.

Ist es nicht nachvollziehbar, dass im Lichte des politischen Engagements für globale Aufgaben nationale und regionale Belange in den Hintergrund treten? So kann sich ein Gefühl breit machen, dass Schwächen und Mängel im eigenen Lager nicht aufgearbeitet werden. In der Öffnung auf die globale

Welt spielen die Informationsangebote der Medien eine gewichtige Rolle. Die enorme Interessen- und Meinungsvielfalt macht eine objektive und differenzierte Informationsaufbereitung - bei oft geringer Kenntnis der Faktenlage - schwierig. Bevölkerungsgruppen sehen sich aufgrund der vielfach nur kurz angerissenen Problemerörterungen in ihren Standpunkten falsch beurteilt und übergangen.

Wir sind heute in nordatlantischen Gesellschaften damit konfrontiert, dass Sicherheits- und Versorgungsbedürfnisse der Bevölkerung auf der nationalen und regionalen Ebene (Altersversorgung, Arbeitsplatz-Wohnortverbindung, Konzentration in Großstädten, Wohnkosten und Niedrigeinkommen, Bildungsförderung etc.) mit Entwicklungen und Anforderungen, die sich weltweit auswirken (Klima, Umwelt, Energienutzung, Handel, Migration, weitere Automatisierung) konkurrieren. In diesem Konflikt gelingt es nur schwer und verzögert, einen politischen Konsens gemeinsamer Anliegen zu finden .

Für die Religionsgemeinschaften lässt sich ein Dilemma feststellen, das dem auf der politischen Ebene nicht unähnlich ist. Es gibt zum einen kaum bestreitbar zunehmend seit einiger Zeit eine formale Lösung von Anhängern in ihrer Religionszugehörigkeit, einen teilweisen oder voll-ständigen Rückzug. Zum anderen lässt sich noch keine neue inhaltliche Identitätsfindung feststellen, wenn man von eher vagen Bekenntnissen der Art „Glauben ja, Kirche nein" absieht.

Es ist wohl nicht abwegig festzustellen, dass die Kohärenz innerhalb religiöser Gemeinschaften auf der Ebene der gemeinschaftlichen Ausdrucksformen aus Lehrinhalten, moralischen Richtlinien, ritueller Teilnahme und Achtung der amtlichen Führung abgenommen hat. Der Prozentsatz an Mitgliedern, die sich in Bezug auf die genannten religiösen Ausdrucks-formen nicht angesprochen fühlen oder sich nicht aktiv beteiligen, ist gewachsen. Neben den Mitgliedern, die weiter treu zur religiösen Institution stehen, hat sich der Anteil derer erhöht, die sich trotz formaler Mitgliedschaft aus dem Gemeindeleben zurückgezogen haben oder die nur noch kirchlich getragene soziale Dienste (Kinderbetreuung/-erziehung, Privatschulen, Altenpflege) oder die feierliche Gestaltung von Lebensereignissen wie Hochzeit und Trauerfeier in Anspruch nehmen. Zwar erfahren die Religions-gemeinschaften durchwegs Anerkennung für soziales Engagement, aber nachdem sich das Gemeindeleben darüber hinaus vorwiegend in kirchlichen Räumen abspielt, kommt ein gemeinsames Zeugnis gelebten Glaubens nicht wirklich zum Tragen; Verkündete Botschaft wird nicht in gelebter Botschaft anschaulich. Es bleibt vorwiegend die von der Amtsführung vermittelte Botschaft in Lehren, Riten und moralischen Anleitungen. Die Glaubenserfahrungen, der Umgang der Menschen mit der inneren Stimme und ihrem inneren Kompass wird kaum genutzt. Wir erfahren nicht, was es bedeutet zu glauben, was sich dabei in unserem Leben verändert, welche Erfahrungen wir damit machen, einander zu verstehen und wie wir umgehen mit unserer Sehnsucht und unserer Suche nach Erfüllung und letzter Geborgenheit und unserem Vertrauen darauf.

7 Lebensanker in unruhigen Gewässern. „Die Glocke ist weg"

Es ist wohl kaum zu bestreiten, dass sich der soziale Rahmen, in dem wir unsere Welt und unser Leben deuten, in industrialisierten westlichen Ländern in den letzten Jahrzehnten dramatisch verändert hat: ein verbreiterter Zugang zu Bildung, ein gewaltiger Ausbau im Informations- und Unterhaltungsangebot und in den Kommunikationsmöglichkeiten über die neuen Medien, Abschütteln von Autoritäten und Bindungen, Stärkung des Individualrechts und der persönlichen Eigenständigkeit, Automatisierung in Produktion und Dienstleistung, Gleichzeitige Bewältigung von Berufsarbeit, Familie und Seniorenbetreuung usw. Der durch naturwissenschaftliche Erkenntnisse getragene technische Fortschritt mit der Vielfalt der elektronischen Geräte, die global zugängliche digitalisierte Information und Kommunikation haben den Alltag nachhaltig verändert. Auf diesem Hinter-grund verwundert es wenig, dass institutionelle politische und religiöse Ideologien an Deutungs- und Bindungskraft verlieren. Der junge Autor, Ph. Riederle, schildert diesen Umbruch aus der Sicht der gut ausgebildeten, allseits vernetzt lebenden jungen Generation.[11]

---

[11] Riederle, Ph., 2013: ‚Wer wir sind und was wir wollen. Ein Digital Native erklärt seine Generation. München

Vieles, was gestern aktuell war, ist heute veraltet, so auch Bildungsinhalte und Berufe. Die Menschen haben ihre Lebensbedingungen mit maschinentechnischen und elektronischen Geräten tiefgreifend verändert, von der Landwirtschaft über die industrielle Produktion, Logistik und Medizin. Die Informations- und Kommunikationsmedien haben die Beziehungs-strukturen zwischen den Menschen nachhaltig beeinflusst. Eine ungeheure Informationsfülle ist heute beinahe unbegrenzt individuell zugänglich, die vor 100 Jahren noch stark (nur) über Bildungsträger (Schulen, Bibliotheken etc.) verfügt wurde.

Der soziale Rahmen, der ehemals die Lebensführung gesteuert hat, - Familie, Partnerschaft, Geschlechts-spezifische Rollen, Berufsstand, Wohnort, nationale und parteiische Zugehörigkeit, religiöse Mitgliedschaft - ist offener geworden. Dabei gibt es große Unterschiede nach gesellschaftlichen Kontexten und Wohnmilieus, aus denen wir kommen und nicht zuletzt nach der persönlichen Entwicklung: nach Vor- oder Nachteilen, die uns der alte Rahmen geboten hat, nach Anstößen zu Veränderungen, die wir erhalten haben, und grundsätzlich nach unserer Offenheit und dem Interesse über unser Leben und sein Wohin zu reflektieren. Hierbei spielen religiöse und philosophische Lebensdeutungen und Bindungen eine besondere Rolle. Wie stark wir der in der Kindheit grundgelegten Lebensführung und -deutung anhängen oder wie offen wir auf Veränderungen und Entwicklungsperspektiven zugehen, wirkt sich auf die

Kommunikation und die Handlungsfähigkeit in solchen Umbruchsituationen aus.

Wir wissen vergleichsweise viel über statistische Größen wie eheliche Scheidungshäufigkeit, Kirchenaustritte, den Rückgang von Mitgliedern in Parteien, Vereinen, Gewerkschaften, die Abwanderung von ländlichen in großstädtische Wohnregionen. Aber wir wissen eher wenig darüber, wie sich unsere persönliche Lebensorientierung im Zuge dieser Veränderungen entwickelt. Wer in einer stark traditionsbestimmten Orientierungswelt aufgewachsen ist und in ihr längere Zeit gelebt, aber sie inzwischen verlassen hat, mag sich heute fragen, wie es möglich war, die festgelegten Aussagen und Verhaltensregeln früher unhinterfragt hingenommen zu haben. Die in Familie, Kirche und Partei angebotene Sinndeutung und Weltsicht wird auf breiter Front mit den Informationen und Erfahrungen im modernen Lebenskontext konfrontiert.

Auf mehreren Ebenen stellen uns veränderte Handlungsmöglichkeiten vor neue Herausforderungen: Breite Bevölkerungsschichten und darunter vor allem Frauen haben Zugang zu höheren Bildungsniveaus erreicht. Über die neuen Medien wurde weltweit vorhandenes Wissen allgemein zugänglich. Die naturwissenschaftlichen Erkenntnisse, die Informationen über das kosmische Geschehen und das Leben auf unserem Planeten haben massiven Einfluss auf unsere Lebenssicht und das Lebensempfinden.

Bildung, Informationszugang, die Betonung des Individualrechtes, die wirtschaftliche Anforderungen zur individuellen existentiellen Sicherung und die verbesserte wirtschaftliche Wohlfahrt haben eine individualisierte Lebensführung begünstigt.

Die Medien konfrontieren auf breiter Ebene mit den Informationen über „eine Welt aus den Fugen": weltpolitische Ereignisse in der Finanzwelt, der Machtpoker der Staaten, die kriegerischen und terroristischen Angriffe, die Kluft von Arm und Reich, die wachsende Weltbevölkerung, die klimatischen Entwicklungen usw.

Inmitten großer Veränderungen erleben die Menschen ein großes und beängstigendes Maß an Zwiespältigkeit und Widersprüchen. Viele erklärte Ziele im politischen und privaten Bereich stehen in Widerspruch zu unserem praktischen Handeln: unser Markt- und Kaufverhalten, unser Verhalten zur Schonung der Umwelt usw.. wir haben Angst um unsere Gesundheit, unsere Umwelt, unser Klima. Wir spüren die Inkonsequenz in unserer Lebensführung, was wir produzieren, exportieren, nutzen und konsumieren. Die von uns geschaffenen Strukturen erscheinen uns nicht mehr umkehrbar. Vor uns sind Abgründe und wir hoffen, dass es ‚schon irgendwie weitergehen wird'.

Wir erleben die Verletzbarkeit unseres Gemeinwesens mit humanitären und demokratischen Regeln gegenüber politischer und militärischer Gewalt.

Im Ahnen der Gemeinsamkeit des Lebens, in der Suche nach dem Miteinander und in der Sehnsucht nach (auch einer transzendenten) Lebenserfüllung erschließt sich uns ein neues Lebensempfinden.

8 Solidarität als religiös unabhängige kulturelle Errungenschaft

Die Frage, inwieweit die christliche Botschaft die Entwicklung von Menschenrechten, von Bewegungen zu Freiheit und Gleichheit der Menschen und zu solidarischem Miteinander inspiriert hat – während christliche Einrichtungen über Jahrhunderte Gewalttätigkeit praktiziert haben – kann wohl nicht messbar entschieden werden. Wir unterscheiden jedoch zwischen den Impulsen aus den biblischen Prophetenworten und der Botschaft Jesu einerseits und dem Christentum als der institutionell geführten Gemeinschaft andererseits. Christliche Gruppen und Einrichtungen haben bis heute unzählige humanitäre Leistungen vollbracht. Gleichzeitig haben sich kirchliche Einrichtungen und die Führung im Namen ihres Gottes vielfach und schwer gegen ihre erklärten Ziele und die Menschenwürde vergangen und das christliche Volk hat sich daran beteiligt. Ob „die Welt doch reichlich ärmer und kälter" wäre und in welchem Maße, „wenn es das Christentum nicht gäbe"[12] – wer soll das entscheiden?

Es scheint doch, dass sich humanitärer und solidarischer Einsatz, der Ruf nach Freiheit und Gerechtigkeit auch (oder gerade?) aus der Not der Fremdbestimmung und Unterdrückung entzünden.

---

[12] Scholl, S. 93

51

Darüber hinaus stellt sich die Frage, wie es mit der menschlichen Fähigkeit bestellt ist, grundlegende ethische Normen zu erkennen, wie z.B. „Was du nicht willst, dass man dir tut, das füge auch keinem anderen zu".

Eine spirituelle Orientierung ‚von unten' geht davon aus, dass es den Menschen grundsätzlich möglich ist, solche Normen der Gleichwertigkeit unter Menschen zu erkennen. Dies schließt eben nicht aus, dass diese Fähigkeiten nicht von Ängsten, Vorteils- und Machtstreben zum Schweigen gebracht werden.

Auch ohne die Schutznormen eines demokratisch humanitären Regelwerkes und auch ohne explizite religiöse Motivation bzw. ohne Impulse aus religiösen Traditionen folgen viele Menschen einem inneren Antrieb zu uneigennütziger Solidarität.

Säkularisierte demokratische Gesellschaften haben ein soziales Regelwerk geschaffen und Werte entwickelt, die in Teilen den Normen der christlichen Religion entsprechen. Einerseits werden religiöse Funktionen durch das säkulare Regelwerk abgelöst. Andererseits werden kirchliche soziale Dienste in Form von Einrichtungen der Kinder- und Seniorenbetreuung, Krankenhäuser, Privatschulen etc. gerne auch ohne persönliches religiöses Engagement genutzt. Ebenso geschätzt sind kirchliche Ausgestaltungen von Hochzeiten und Beerdigungen, ohne dass sie von expliziten religiösen Überzeugungen getragen sind.

9 Selbstwertprobleme in individualisierten Gesellschaften

Die Individualisierung der Lebensführung zusammen mit Auswirkungen der Globalisierung (Öffnung der Arbeitsmärkte, Zugang zu weltweiter Information und Kommunikation, Bekenntnis zur Mitverantwortung für die Existenzmöglichkeiten der Menschen für Sicherheit, Gesundheit, Ernährung, Energieversorgung etc.) rücken auch die Ungleichheiten innerhalb nationaler Gesellschaften in ein neues Licht: die persönliche Situation, die Zugehörigkeit zu einer Bildungsgruppe, einer Einkommensschicht, einer Altersgruppe, einer sozialen Schicht, einer Region. Einerseits erleben die Menschen in den wohlhabenden transatlantischen Gesellschaften große Freiheiten und einen globalen Zugang zu Informationen, andererseits vermittelt ihnen die individualisierte Lebensform, die Automatisierung in den Produktionsbereichen und Lebensvollzügen ein Gefühl persönlicher Bedeutungslosigkeit. Die Menschen mögen sich in ihren technischen menschlichen Fähigkeiten bedeutsam erleben, dagegen in kosmischen Dimensionen gedacht, als unbedeutende ‚Glühwürmchen' im Weltall.

Die veränderte Arbeits- und Berufswelt stellt höhere Anforderungen an Bildungsabschlüsse und fortwährende Weiterbildung. Standorte für Arbeitsplätze sind regional zentrierter und international mobiler. Die besonders durch Digitalisierung veränderten Arbeitsanforderungen haben zu einer Schicht mit hohen Einkommen und einem hohen Anteil von Niedriglohnempfängern mit besonderen Problemen der Altersvorsorge und der Existenzsicherung geführt. Sparen für die Zukunft über die allgemeine Geldentwertung hinaus ist kaum mehr möglich.

Die kulturell-religiöse Tradition hat in den vergangenen Jahrhunderten vielen Menschen Halt gegeben. Heute wird ein religiöser Orientierungsrahmen privater und individuell unterschiedlicher gelebt.

Ein neues Verständnis religiöser biblischer oder theologischer Botschaften angesichts naturwissenschaftlicher Erkenntnisse hat sich noch nicht etabliert. Religiöse moralische Wegweisungen und Verpflichtungen werden vielfach als weltfremd und deshalb nicht bindend empfunden. Dabei nutzen viele nicht aktive Noch- oder ehemals Kirchenmitglieder die sozialen Dienste der kirchlichen Einrichtungen (Beratungsstellen, caritative Dienste, Erziehungs- und Bildungseinrichtungen, Seniorenpflege etc.), sowie die kirchlichen Angebote zur feierlichen Gestaltung von Hochzeit und Beerdigung.

Umso deutlicher stellt sich die Frage nach dem spezifischen Beitrag christlicher Gemeinschaften in unseren wohlhabenden Gesellschaften. Was ist ihre spezifische Botschaft, die spezifische Motivation ihrer Lebensführung?

In Zeiten großer sozialer Umwälzungen, die viele Menschen aktuell vermutlich erfahren, erleben wir uns stärker herausgefordert, uns selbst zu hinterfragen, wie wir selbst in dieser Welt stehen, woraus wir persönlich unseren Selbstwert schöpfen. Wir sind uns selbst zur Aufgabe gegeben: herauszufinden, welche Stärken, aber auch Schwächen und Belastungen, körperliche und geistige, uns genetisch und durch Erziehung auf den Weg gegeben wurden, welche besonderen Fähigkeiten uns mitgegeben und gefördert wurden, welche Verletzungen der Gefühle im frühen Kindesalter im weiteren Lebensweg zu bearbeiten sind, welche Sicherheit von Zugehörigkeiten vermittelt wurde, welche Offenheit der Welt zu begegnen, welcher Mut, die eigene Welt nach außen zu vertreten und wie rezeptiv oder doch aktiv mit ihr umzugehen.

Die Generationen, z. B. eine jüngere (bis zum Alter von 30 Jahren), eine mittlere und eine ältere (ab 65 Jahren) stehen auf dem Boden unterschiedlicher Erfahrungen gesellschaftlicher Verhältnisse. So haben große Teile der heute jungen Generation materielle Wohlfahrt erlebt, sie erfahren sich digital vernetzt mit Informations- und Kommunikationsmöglichkeiten, sie fühlen sich nicht Konventionen verpflichtet, verlängerte Bildungswege und mitunter auch fehlende Anforderungen zu eigenständiger Existenzvorsorge verzögern den Zugang zu praktischer Lebenserfahrung. Auf diesem Hintergrund erweisen sich die aus der Informationsfülle und der Wohlfahrt gegebenen Wahlfreiheiten oft als fiktiv. Die mittlere Generation hat den Wohlfahrtsaufbau mitgetragen, einen enormen

Wandel in den Lebensbedingungen durch Automatisierung und Digitalisierung, die Ablösung alter Weltbilder durch die naturwissenschaftlichen Informationen erlebt und die schrittweise Lockerung sozialer Bindungen (Partnerschaft, Familie, Sexualität) und kultureller Traditionen (kirchlicher Bindungen).

Die Generationen haben aufgrund ihrer Erfahrungen auch unterschiedliche Ressourcen mit den Wirkungen der Veränderungen umzugehen. So mögen die zwei älteren Generationen mitunter erstaunt sein über den eher optimistischen, weniger ängstlichen Blick in die Zukunft, den sie bei der jungen Generation feststellen.

Im öffentlichen Bereich können wir eine verstärkte Erwartung an Führungspersönlichkeiten feststellen, die glaubhaft, authentisch Positionen vertreten und überzeugenden Realisierungswillen vermitteln.

Unabhängig von unseren altersspezifischen Erfahrungen fordern uns die Veränderungen mit den Unsicherheiten, die sie für die Zukunft enthalten, zu einer Reflexion über die eigenen persönlichen Anlagen und Ressourcen auf, zur Suche nach dem, was eigentlich unseren Anlagen entspricht, wo wir am besten im Lot mit uns selbst und der Welt wären. Unser ‚Alltag' mit der praktischen Beschäftigung im Beruf, in Familie und Haushalt, in Hobbies und Sport beansprucht oft unser „Selbst" so stark, dass wir über den tieferen Sinn nicht reflektieren, sei es dass die nötige Kraft dazu fehlt und der Gewinn einer Reflektion nicht greifbar ist.

In einem Großteil der Familien in wohlhabenden nordatlantischen Gesellschaften wird besonderer Wert auf die Chancen der Kinder zur Entwicklung von Selbstwert und Gestaltungswillen gelegt. Welche besonderen Anforderungen stellen sich für unsere Kinder aus den Lebensbedingungen in unserer Gesellschaft? Wie können sich Kinder zu starken Persönlichkeiten entwickeln, die den aktuellen und neuen Herausforderungen gewachsen sind? Die geschilderten gesellschaftlichen Bedingungen mögen es ratsam erscheinen lassen, zwei Erziehungszielen besondere Beachtung zu schenken:

- Entwicklung psychischer Grundstrukturen: Grundhaltungen, wie Eigenwille, Empathie, aktiv exploratives Verhalten; Umgang mit Bedürfnissen und Wünschen
- Erobern und Erleben und Mitgestalten von Zugehörigkeiten, zu Geschwistern, Freunden, Gemeinschaften in Anerkennung der jeweils besonderen Wesensart.

10   Jeder Mensch ist angstbesetzt.

Angst ist aktuell in der Gesellschaft allgegenwärtig. Menschen in Wohlstandsländern heute haben Angst vor der Zukunft, vor katastrophalen klimatischen Veränderungen, vor terroristischen Bedrohungen, der nicht kontrollierten Überbevölkerung, vor Arbeitslosigkeit, dem Kollaps des Finanzsystems. Aktuell sind wir vermutlich am meisten um die innere Sicherheit, den Erhalt unseres Wohlstandes und die klimatische Stabilität besorgt. Wir erleben die lähmende Angst vor Gefahren und vor aufwendigen und begrenzt wirksamen politischen Anstrengungen, solche Gefahren zu bekämpfen. Wir bekennen uns auf politischer Ebene zu demokratischen und humanitären Werten, auf religiöser Ebene zu Idealen der Nächstenliebe und stehen dabei mit unserem praktischen Handeln in Widerspruch dazu; die Verteidigung unserer Werte wirkt oft nicht glaubhaft.

 Wir sind in unserem privaten Bereich ringsum mit Ängsten konfrontiert: Mit Sorge und Angst begleiten Eltern den werdenden Nachwuchs ins Leben; vielfältig begleiten uns Ängste um die Existenzsicherung, vor Verlust des Erreichten, um Wohlstand und Anerkennung, Angst vor Gewalt, vor Versagen, Minderwertigkeit, Leiden und Tod. Angst ist die Grundlage auch unserer Suche auf den beiden Koordinaten, nach absoluter Geborgenheit und unserer Suche nach Sicherheit im Miteinander.

Unser tierisches Erbgutanteil fordert, dass wir uns behaupten und durchsetzen. Wir beschränken uns nicht darauf, zu heilen und zu entfalten, was in uns steckt und was wir auf unseren Lebensweg mit- bekommen. Die Wurzel unserer Ängste steckt im EGO, das sich abgrenzen, sichern und durchsetzen will und auch muss, das geborgen, geachtet, geliebt sein will. „Furcht ist das Schicksal der Menschen. Der Mensch ist ängstlich geboren aus dem Dunkel, aus dem Unbekannten, aus dem ihm Fremden….."[13]. Wir umgeben uns mit Menschen gleicher Gesinnung, wir fühlen uns umso eher bedroht in den eigenen kulturellen und materiellen Wänden, wenn wir sie nicht anerkannt, eingebettet und abgesichert erleben in einem größeren Ganzen, ob in religiösen, ethnischen, politischen oder wirtschaftlichen Belangen. Ein erster Schritt zur Bewältigung unserer Ängste, erfordert, dass wir sie in uns selbst und in allen Menschen radikal ehrlich wahrnehmen.

Glauben an selbst geschaffene Sinnwelten (in Form von Wissen, Leistung, Geld, Konsum, Anerkennung, Einfluss etc.) kann Ängste auffangen, verdrängen und eine begrenzte Sicherheit vermitteln. Fundamentale religiöse oder politische Positionen, in denen sich Menschen einem „von oben" vorgegeben Willen unterwerfen, nutzen unsere Ängste für ihre Interessen,

---

[13] S. Rushdie: Zwei Jahre, acht Monate und achtundzwanzig Nächte, 2015, S. 312

verknüpfen sie mit Versprechungen einerseits, Drohungen und Bestrafungen andererseits. Glaubenshaltungen, in denen wir durch Wohlverhalten und religiöse Werke „den Himmel sichern/verdienen" möchten, die in der Angst um das eigene Seelenheil gründen, sind an erster Stelle dem eigenen EGO als der Quelle von Angst verpflichtet.

In unserer religiösen Haltung stecken Ängste um unsere Sicherheit und unser Seelenheil. Ein bedingungsloses Vertrauen in den Lebensgrund (‚Gott') ist ein Vertrauen, das uns frei macht, die menschliche Realität anzuerkennen: dass wir in menschlichen Defiziten und unsolidarischen Neigungen stecken, in Ängsten auf der Grundlage von Interessenkonflikten. Wir warten darin nicht auf einen ‚Gott', der zu unseren Gunsten eingreifen soll. Wir sind auch nicht darauf angewiesen, uns ein „Gut-sein" als persönliche Leistung zuschreiben zu müssen, um zu bestehen. Angst überwindende Kraft entspringt einer Verbundenheit im ‚Lebensgrund' auf dem Wege einer Herzenshaltung, die das Eins-werden sucht.

11 Glauben an oder Vertrauen in Geborgenheit und das Miteinander

Der Blick auf unseren Lebensweg und die persönliche Strategie dem Leben zu begegnen, haben viel damit zu tun, in welchen Lebensinhalten und in welchen Erwartungen wir überwiegend oder grundlegend Halt finden.

Um leben zu können und zu wollen, beziehen wir unsere Kraft aus Dingen, die uns am Herzen liegen. In diesem Sinne ‚glaubt' jeder Mensch an etwas, hat jeder Mensch „seinen eigenen Gott"[14] . „Heute glaubt jeder an etwas anderes….Der Mensch möchte immer an etwas glauben. An Gott oder an den technischen Fortschritt. An die Chemie, an die Polymere, an die kosmische Vernunft…Und jetzt an den Markt" (ebenda S. 202).

Das eigene Können, eine Aufgabe oder eine Position, Freude am Schöpferischen, eine Überzeugung, das Vertrauen in den Wert eigener Handlungen: In den jeweils wahrgenommen Werten finden Menschen Zufriedenheit, ein Zuhause, sei es, dass sie ein übergeordnetes Vertrauen in ein transzendentes Wesen (‚Gott') für überflüssig oder gar schädlich erachten, sei es, dass sie dieses Vertrauen *neben* dem alltäglichen Engagement mehr oder weniger reflektiert

---

[14] S. Alexijewitsch, 2015: Secondhand-Zeit. Leben auf den Trümmern des Sozialismus, S. 273

annehmen sei es, dass sie es bewusst ersehnen und *suchen*.

Finden wir Halt in einer transzendenten Sinndeutung, so wirkt es sich ganz entscheidend auf unsere Lebenssicht und unser mitmenschliches Verhalten aus. Eine transzendente Sinndeutung für das Leben kann als Geschenk wahrgenommen werden, für das wir uns öffnen können, worüber wir jedoch in keinster Weise verfügen können. Zur Gefahr für uns wird es, wenn Vertreter sich ermächtigen, ihre eigene Sinndeutung absolut zu setzen und sie anderen Menschen aufzuzwingen.
Wenn wir ‚Glauben' als „Glaube **an** ‚Gott' verstehen, schaffen wir zwei Ebenen: Wir schaffen uns ein von uns unterschiedliches absolutes Gegenüber, was auch wiederum unsere menschliche Situation jeweils unterschiedlich erscheinen lässt. Liegt doch im Versuch zur Definition eines absoluten Zieles und Gegenüber der Bezug zum Ich, dem Angst-besetzten und nach Sicherheit und Geltung suchenden Ich. Das ‚Glauben an' führt dazu, dass wir diesen Glauben an entsprechend angenommenen Wahrheiten und moralischen Verpflichtungen glauben messen zu können.
‚Glauben an' erwartet eine Antwort auf eine vorgegebene Offenbarung. Die Deutung oder Auslegung der Botschaft und der moralischen Inhalte liegt damit in der Obhut einer ‚von oben' legitimierten Führung. Wird Glauben als Antwort auf Lehren/Wahr-

heiten und Morallehren/Gebote innerhalb eines religiösen Gebäudes verstanden, so verdrängt es den Weg des persönlichen Suchens. Es stellt sich dann immer die Frage, welche Religion die richtige oder bessere Wahrheit und Morallehre vertritt. Religiöse Erziehung/Unterweisung und Führung kann dazu führen, dass die erwähnte zweifache Frage aus unserer menschlichen Lebenssituation nicht mehr an erster Stelle steht, d.h. dass religiöse Gebote, Pflichten und das ‚Glauben an‘ im Vordergrund stehen.

‚Glauben‘ als Weg des Vertrauens hingegen beinhaltet ein aktives Suchen auf der Grundlage von Lebens- erfahrungen (des Einzelnen und in Gemeinschaft), - als ‚Weg von unten‘. Unsere menschliche Existenz bietet uns den ‚Weg von unten‘ an, indem sie uns zwei Ankermöglichkeiten dafür anbietet und uns damit vor eine Entscheidung stellt:

- Menschen haben ein Bedürfnis nach letztendlicher Geborgenheit; nach einem bleibenden Sinn/Erfolg unseres Weges. Doch der ehrliche Blick auf uns selbst und die Welt zeigt uns die Heillosigkeit unserer Verfangenheit im EGO. Ein Ausweg scheint nur in einer Umkehr der Herzen möglich. Erahnen wir in der heilungsbedürftigen Welt einen Lebensanker der Liebe, an dem wir festmachen können, als eigentlich bleibende Realität, zu der wir uns als neuer Lebensgrundlage hinwenden können?

- Menschen verspüren neben den Anforderungen, ihr EGO zu sichern und zu steigern, auch einen Antrieb zu uneigennütziger Solidarität. Dabei werden wir Immer wieder mit der Frage konfrontiert, ob diese Solidarität Sinn macht, was wir damit erreichen, wie weit wir dazu verpflichtet sind und wie weit wir uns darauf einlassen sollen.

Mit diesem doppelten Kompass, so will mir scheinen, sind wir unterwegs.

Ist es nicht Zeit für einen radikalen Perspektivenwechsel: von „Glauben an einen Gott", hin zu gemeinsamen Suchen nach ‚transzendenter' Geborgenheit und den Gesetzen des Miteinander?

Kann uns Vertrauen in den transzendenten Lebensgrund eine ego-freie Lebensgrundlage bieten? Wie bewusst reflektieren wir, was denn unsere „Aufhänger" sind für unser Hoffen, Vertrauen, unseren Glauben, sei es innerweltlich, sei es spirituell oder religiös? Was sind die Ankerpunkte, an denen wir es festmachen?

Wenn die Wellen hoch schlagen, wenn wir meinen, dass „die Welt wirtschaftlich, politisch, sozial aus den Fugen" bricht, wenn die Existenz keine Perspektive mehr bietet: dann klammern wir uns an die Hoffnung, dass „es schon wird irgendwie weiter gehen wird". Als Menschen glauben wir ‚lebensnotwendig' an Zukunft, auch wenn wir Angst davor haben, dass es uns ‚morgen' schlechter gehen wird als ‚heute'. Die kosmische und biologische Evolution und die kulturellen Leistungen lassen uns auf Entwicklungs-chancen technisch aber auch sozial hoffen. Diese Hoffnungen gipfeln in der verwegen erscheinenden Utopie einer gewaltfreien, friedlichen und solidarischen Weltgemeinschaft. Wir fragen zurück: woran machen wir persönlich diese Hoffnung fest? Deckt sich unsere eigene ganz persönliche innere Einstellung mit dieser Hoffnung?

Eine religiös-spirituelle Sicht und Haltung entspringt einem Vertrauen in eine absolute und unbedingte Geborgenheit; sie öffnet sich in einer Herzenshaltung, die dem ‚transzendenten Sein', dem Lebensgrund selbst entspricht, eine ‚Herzenshaltung', in der wir radikal ehrlich[15] auf der rein menschlichen Ebene das Eins-werden miteinander ersehnen und suchen. Auf dieser Grundlage erschließt sich eine religiöse Sicht von Vertrauen in die Geborgenheit in einem trans-zendenten Sein, einem alles tragenden ‚Lebensgrund' (‚Gott'). Dies wiederum erleichtert und ermöglicht uns die Befreiung vom EGO, gut zu sein, auch wenn man nicht gut mit uns verfährt; bzw. gut zu sein, weil wir vertrauen, dass wir auch unverdient und bedingungslos gesichert sind[16]. Ein solches Vertrauen befreit nicht von der Verantwortung für das eigene und das gemeinsame

---

[15] Metzinger, Th., 2015/3: Der Ego-Tunnel. Eine neue Philosophie des Selbst: Von der Hirnforschung zur Bewusstseinsethik, München-Zürich, S. 410
[16] Mt 18,23-35

Leben; es schützt davor, dass ein Hoffen auf ‚Gott' zum Trostpflaster in einer unsicheren Welt wird[17].

Wir leben in den westlichen Gesellschaften in ziemlich zwiespältigen geistigen Positionen. Einerseits hat das Wissen um die Evolution und die naturwissenschaftlichen Erkenntnisse religiöse Annahmen über ein direktes Einwirken eines ‚Gottes' zurückgedrängt. Neurobiologische Forschung versucht religiös/spirituelle Anlagen und Prozesse im menschlichen Gehirn zu orten und geistige Aktivität als aus materiellen Grundlagen, dem Zusammenwirken neurologischer Gegebenheiten abzuleiten. Eine ‚von Gott' geschaffene, eigenständige geistige Fähigkeit, gar unsterbliche Seele ist zur Erklärung menschlichen Verhaltens aus naturwissenschaftlicher Sicht nicht gefragt.

Andererseits, so scheint es, leben viele naturwissenschaftlich aufgeklärte Menschen auf praktischer und emotionaler Ebene weiterhin in traditionellen Vorstellungswelten: in der Vorstellung, dass es einen unendlich liebenden, allwissenden, allmächtigen ‚Gott' gebe, der die Welt erschaffen hat, der für eine letztendliche ausgleichende Gerechtigkeit für Gutes und Böses sorgt; eine Vorstellung, in der wir einen Lebenssinn finden und wissen, woher wir kommen, wohin wir unterwegs sind.

Wir beobachten auch, dass Menschen, die solche Vorstellungen nicht mehr ernst nehmen, sich doch

---

[17] Metzinger, S. 398

nicht von der religiös rituellen Gestaltung von Lebensereignissen (Taufe, Hochzeit, Beerdigung) und vor allem vom gemeinschaftlichen Leben innerhalb kirchlicher Organisationen trennen. Die Gruppenbildung zu kulturellen Aktivitäten und in Form von Vereinen innerhalb kirchlicher Organisationen trägt vor allem in kleinstädtischen und ländlichen Bereichen das religiöse Leben. Das Leben in den religiösen Organisationen (Kirchen) reagiert auf die Bedürfnisse der Menschen nach Verbundenheit von Gleichgesinnten und nach einer Strukturierung und Sinngebung der Lebenswege.

Die Zugehörigkeit und die Aktivität in gemeinschaftlichen Kreisen und auch traditionelle, vorgegebene religiöse Vorstellungswelten kommen menschlichen Bedürfnissen entgegen. Menschen in großstädtischen individualisierten Welten, die von diesen Zugehörigkeiten abgeschnitten sind (freiwillig oder vorgegeben), stehen isolierter vor den breit zugänglichen wissenschaftlichen Informationen und der öffentlichen Meinungsvielfalt.

12 Leiden/Tod; Wie leben, dass mein Leben Sinn macht

Was benötigen wir, um glücklich zu sein oder zu werden? Dass wir selbst heil werden, physisch, psychisch, sozial? Dass wir den Weg dazu finden und die innere Einstellung/Bereitschaft dazu aufbringen?

Es entspricht einem menschlichen Grundbedürfnis, Geborgenheit zu finden. Wir streben nach Vertrauen, Sicherheit, suchen Verständnis, Anerkennung, Liebe, in der Zugehörigkeit zu einer Gemeinschaft akzeptiert und geachtet zu sein. Eine große Rolle dabei spielt die eigene Lebens- und Weltsicht, ob man darin „mit sich im Reinen/im Lot" ist und ob wir darin Gelassenheit und Selbstwert finden.

Religionen operieren mit Versprechungen von Geborgenheit; rituelle Texte (Lieder, Gebete) sprechen von Geborgenheit in ‚Gott'; Aktivitäten innerhalb der Glaubensgemeinschaft sollen Geborgenheit erleben lassen.

Je mehr aber eine Glaubensgemeinschaft mit sich selbst beschäftigt ist, je weniger offen sie in ihrer Glaubensposition zu anderen Weltanschauungen ist, um so eher wird sie sich in der eigenen Geborgenheit abschotten, bzw. den Austausch mit ihnen auf äußere Aktivitäten und Strukturen beschränken. Deshalb ist es bezogen auf die christlichen Kirchen lebenswichtig, dass nicht nur das institutionelle Erscheinungsbild in Einklang mit der Botschaft ist, die vertreten wird; sondern dass auch ihre Mitglieder inhaltlich mit der

Botschaft im Einklang sind, d.h. mit dem, worin sie den spezifischen Beitrag ihrer christlichen Motivation in unserer gesellschaftlichen Situation sehen.

Geborgenheit kann nur echt und dauerhaft sein, wenn wir uns wirklich im anderen/in den Mitmenschen finden. Hierin steckt m.E. der springende Punkt. Traditionelles religiöses (christliches) Leben war und ist stark auf das „Seelenheil" für ein Jenseits ausgerichtet. Leidende wurden und werden durch die Hoffnung auf Entschädigung im Jenseits getröstet. Echte und dauerhafte Geborgenheit erschließt sich im Zugang zu den Mitmenschen mit einer offenen, wohlwollenden Herzenshaltung, in der die EGO-Interessen über-wunden sind oder nicht den Weg versperren.

Lebenssinn kann zum Problem werden, wenn uns das Miterleben von Leiden in der Welt überwältigt und wenn wir es selbst in großem Maße erleiden. Wir vermögen es dann nicht mehr aufzuwiegen mit Versprechungen auf Trost, einen guten Ausgang oder durch den Hinweis auf vieles Gute und Schöne. Wir verstummen bei der Frage nach Lebenssinn für die Menschen, von denen wir erfahren, welche Qualen und Not sie durch Mitmenschen erfahren haben. Die schrecklichen Gräueltaten von Terrorgruppen in unseren Tagen erinnern uns an viele andere Gräueltaten, in KZ-Vernichtungslagern, in sibirischen Zwangsarbeitslagern des Gulag, im Terror der chinesischen Kulturrevolution, den Todeskommandos

der Pol Pot Herrschaft, und vielen anderen Massen-
hinrichtungen und Giftgaseinsätzen in kriegerischen
Konflikten. Christliche Völker haben Kriege gegen-
einander geführt, sie haben sich am Sklavenhandel
beteiligt und an der Vernichtung von Ureinwohnern. All
das zeigt uns, wie bestialische Triebe des Menschen
entfesselt wurden. Wir vermögen nicht genetische
Anlagen, erzieherische Einflüsse, soziale Ausgrenzung,
Ängste etc. als eindeutige Ursachen dafür
auszumachen. Die Fähigkeit von Menschen, anderen
Menschen so ungeheure Qualen zuzufügen, lässt uns
letztlich sprachlos. Wer wagt es, die Opfer oder
Hinterbliebenen mit dem Gedanken an einen
allmächtigen, barmherzigen ‚Gott' zu trösten?
Mit unserer gewohnten Vorstellung von einem
allmächtigen, allbarmherzigen Schöpfergott können wir
das Leiden schwer in Einklang bringen, ob natur-
gegeben oder willentlich durch Menschen verursacht.
Ist es nicht so, dass uns Leiden und Tod als die
grundlegenden Probleme menschlichen Daseins aus
dem individuellen Leben heraus unlösbar und letztlich
sinnlos erscheinen?

Gleichzeitig begegnen wir auch Menschen, die
uneigennützig Gutes tun und aus einer authentischen,
wohlwollenden Herzenshaltung handeln. Wir sehen das
uneigennützige Engagement vieler Menschen für sozial
ausgegliederte, behinderte, kranke Menschen. Wir
entdecken, was wir selbst auch in einer Wohl-

fahrtsgesellschaft mit einer wohlwollenden Haltung in Alltagsbegegnungen bewirken können.

Der Weg des Wohlwollens allen Menschen gegenüber ist der Schlüssel nicht nur für den Weg zum Miteinander, auch zum Anker des eigenen Lebens.

Die christliche Theologie hat reichliche Versuche unternommen, ‚Gott' freizusprechen davon, dass er Leiden nicht verhindert, dass er die Welt so angelegt hat, dass ihre Evolution Leiden und auch Menschen, die Leiden anrichten, miteinschließt[18]. Aus der biblischen und christlichen Botschaft[19] entziffern wir nur, dass wir vertrauen können in die letztendliche Geborgenheit im Lebensgrund (‚Gott')[20]. Alle rationalen und theologischen Argumente um Leiden auch im Glauben an einen allmächtigen, allbarmherzigen ‚Gott' zu verstehen oder anzunehmen, bleiben menschlich begrenzte Deutungen. Wer in spirituellem Vertrauen in den Lebensgrund zu einer Herzenshaltung seinen Mitmenschen gegenüber findet, die auf der ‚Wellenlänge' der Liebe ist, die wir selbst im Lebensgrund (‚Gott') ersehnen, der mag auch im abgrundtiefen Leiden in dieser Geborgenheit Gewissheit finden und still werden[21]. Wer sich so im Lebensgrund geborgen weiß, tut es auf einer Ebene der bereits jetzt vollzogenen Einheit bzw. dem Wunsch

---

[18] Brantschen, J.B.:2009: Warum gibt es Leid? Freiburg
[19] Hiob 1,1-42,17; Jo 9,2; Mk 4,35-41; Mk 15,31-32
[20] Offenb. 21,4
[21] Lk 23,46

nach dieser Einheit. In diesem Sinne erschließt sich die Aussagekraft der sogn. „Seligpreisungen"[22]. Sie versprechen nicht Trost im Jenseits, sondern ermuntern zu einer Herzenshaltung, die einig ist mit ‚der Liebe', wie wir sie in ‚Gott' erhoffen und mit dem Willen ‚Gottes' zum gewaltfreien, gerechten, barmherzigen Miteinander. Im christlichen Gebet des „Vater unser" wird exakt diese Grundhaltung des Verlangens nach dem ‚Reich Gottes' ausgesprochen. Jesus versprach auch nicht ein leidfreies Leben, aber er zeigte den Weg zu unserer Heilung.

In biblischen Prophezeiungen wurde eine soziale Wende angekündigt. Sie sollte nicht wirtschaftliche, politische oder religiöse Macht für das jüdische Volk bringen, sondern soziale Schranken zwischen den Menschen beseitigen durch mitmenschliches, gerechtes und barmherziges Verhalten. In dieser Wende sollen die Menschen erfahren, dass ihnen ‚Gott' nahe ist. Jesus hat diese Prophezeiungen auf seine Person und sein Wirken bezogen. Er sei gekommen um zu heilen, aufzurichten, was verstummt und blind geworden ist am Leben, den Menschen zu befreien aus Fremdbestimmung[23].

---

[22] Mt 5,2-10: „....Freuen dürfen sich alle, die nur noch von Gott etwas erwarten.....die unter dieser heillosen Welt leiden....die auf Gewalt verzichten....die danach hungern und dürsten, dass sich auf der Erde Gottes gerechter Wille durchsetzt.....die barmherzig sind....die im Herzen rein sind....die Frieden stiften....die verfolgt werden, weil sie tun, was Gott will......

[23] Lk 4,18: „ ...Er hat mich gesandt, den Armen gute Nachricht zu bringen, den Gefangenen zu verkünden, dass sie frei sein werden,

und den Blinden, dass sie sehen werden. Den Misshandelten soll ich die Freiheit bringen.....“

13 Miteinander suchen auf Augenhöhe

Religionsgemeinschaften mit Offenbarungsbotschaften (wie bei Juden, Christen, Muslime) haben eine institutionelle Autoritätsstruktur: eine ‚von oben‘ berufene Führung, die eine Botschaft von Gott an das Volk vermittelt; ein Volk, das im Wort Gottes, in Zeichen (Sakramente) und in moralischen Anleitungen unterwiesen und geführt wird. Immer weniger noch oder nicht mehr Mitglieder nehmen heute die Führung ihrer Religionsgemeinschaft in Anspruch, sie leben eher in einer stark gelockerten inhaltlichen und organisatorischen Beziehung zu ihr. Das führt nun auch dazu, dass die Glaubensbotschaften, die von den spirituellen Erfahrungen einer Geborgenheit im transzendenten Lebensgrund und den Bemühungen um ein gerechtes Miteinander zeugen, weniger zugänglich sind und weniger wahrgenommen werden.

Die kirchlich geführte Glaubenspraxis gründet auf ihrer Feststellung:
- dass die biblische und christliche Botschaft, wie sie in den kanonischen Schriften niedergelegt ist, eine Offenbarung Gottes an uns Menschen enthält, dass sich uns Gott mitgeteilt hat. Die Bibel, die Evangelien werden als Wort Gottes ausgegeben
- Die christliche Kirchenführung beruft sich auf den Auftrag durch Jesus, seinen Dienst/sein Amt weiterzuführen. Dies gipfelt in dem Selbstverständnis von Päpsten, die sich als ‚Stellvertreter

Christi auf Erden' verstehen. Die Amtsführung beruft sich auf Textstellen in den Evangelien, wie z.B. Jo 20,21[24]; Matth 16,15-18[25]; Matth 28,18ff[26]

- dass sich die Kirchenführung bevollmächtigt sieht, zu entscheiden, welche Schriften die ungefälschte Botschaft Gottes enthalten
- dass sich die Kirchenführung befugt weiß, die Schriften richtig auszulegen, darüber urteilen zu können, wie sie zu verstehen sind; dass sie sich in ihrer Amtsführung erleuchtet und geführt glaubt

Auch ohne die Verbindung der kirchlichen Glaubensführung mit politischen und finanziellen Interessen im Lauf der Geschichte anzuführen, ergibt

---

[24] ...sagte Jesus zu ihnen: Frieden sei mit euch! Wie der Vater mich gesandt hat, so sende ich nun euch. Dann hauchte er sie an und sagte: Empfangt den Heiligen Geist! Wenn ihr jemand die Vergebung seiner Schuld zusprecht, ist die Schuld auch von Gott vergeben. Wenn ihr die Vergebung verweigert, bleibt die Schuld bestehen.

[25] ..da sagte Simon Petrus: Du bist Christus, der versprochene Retter, der Sohn des lebendigen Gottes. Darauf sagte Jesus zu ihm ....diese Erkenntnis hast Du nicht aus dir selbst; mein Vater im Himmel hat sie dir gegeben. Darum sage ich dir: Du bist Petrus und auf diesem Felsen werde ich meine Gemeinde bauen...........Was du hier auf der Erde für verbindlich erklären wirst, das wird auch vor Gott verbindlich sein......

[26] ...Jesus trat auf sie zu und sagt: Gott hat mir unbeschränkte Vollmacht im Himmel und auf der Erde gegeben. Darum geht nun zu allen Völkern der Welt und macht die Menschen zu meinen Jüngern und Jüngerinnen. Tauft sie im Namen des Vaters und des Sohnes und des Heiligen Geistes......

sich eine Grundstruktur kirchlicher Glaubensführung, die in unseren freiheitlich demokratischen Gesellschaften auf Ablehnung trifft. Es gibt vermehrt auch Stimmen von religiös engagierten Menschen, die die kirchliche Führung und Regelung des religiösen Lebens als entwürdigend, realitätsfremd und unterdrückend darstellen[27].

Naturwissenschaftliche Analysen, aber auch philosophische und theologische Argumente gehen immer häufiger von der eigenständigen schöpferischen Kraft der Materie und des Lebens aus, ohne dass sie die Entwicklung auf einen übernatürlichen Schöpfergott zurückführen.

Der Physiker Ben More sagt:

"Einen Sinn des Lebens gibt es nicht, nein. Wir sind durch Zufall hier, wir sind hier, weil Moleküle diesen erstaunlichen Weg von Bakterien zu Elefanten hin zu Menschen eingeschlagen haben, es gibt keine Regeln, wie Moleküle sich verhalten sollen. Es ist erstaunlich, es ist großartig, dass wir hier sind, aber es steckt kein Sinn dahinter. Gefühle sind eine molekulare Interaktion, Hormone führen dazu, dass wir uns gut fühlen oder schlecht."[28]. Dagegen sagt der Theologe J.H. Claussen:

---

[27] Großbölting, Th-, 2013: Der verlorene Himmel. Glaube in Deutschland seit 1945, Göttingen, S. 257ff

[28] Der Astrophysiker Ben Moore und der Theologe Johann Hinrich Claussen im SPIEGEL-Streitgespräch über den Sinn des Glaubens und seine Abgründe. In: DER SPIEGEL 53/2015 vom 24.12.2015

„Menschen haben Gedanken und Gefühle. Wie wollen Sie die Selbstwahrnehmung, das Selbstbewusstsein des Menschen mit diesem Modell verstehen? Sicher, jedes Gefühl, jeder Gedanke ist mit einem materiellen Prozess im Gehirn verbunden, lässt sich aber nicht auf diesen reduzieren. Die Frage, wie man sich bewusst zu einem Gegenstand verhält, wie man ihn interpretiert und versteht, geht doch weit über neurophysiologische Reaktionen hinaus". In einer Umfrage bei den Lesern haben 58% dem Statement des Physikers zugestimmt, 27% dem Theologen, 15% keinem von beiden.

Aus soziologischer Sicht erscheint ‚Religionsbildung' als ein ‚normaler' sozialer Vorgang, d.h. dass sich Menschen mit ähnlichen religiösen Überzeugungen in Verbindung mit kulturellen Milieus, politischen und ethnischen Zugehörigkeiten auch institutionell organisieren. Wenn eine institutionelle Glaubensführung, glaubt, von oben erleuchtet und geleitet zu wissen – dies auch in einer theologisierten Sprachform vermittelt – und zu bewerten, was Gott sagt und will, was er verbietet und bestraft, so misstraut sie dem Suchen der Menschen und ihren Erfahrungen.
Aufgeklärt denkende Menschen unserer Tage haben Schwierigkeiten mit den Aussagen religiöser Botschaften:
Die Bibel, bzw. das Alte Testament vermittelt ein teilweise nicht akzeptables Gottesbild: patriarchalisch, parteiisch, kriegerisch usw. Die Evangelien reden noch davon, dass Jesus mit Verdammnis und Höllenstrafen

gedroht hat, was der von ihm verkündeten absoluten, bedingungslosen Liebe des ‚Vaters‘ entgegenzustehen scheint.. Es vermittelt auch noch ein, wenn auch abgemildertes, patriarchalisches Bild von Gott. Es ist offensichtlich, dass eine Menge alttestamentlicher Vorstellungen/Bilder in die Texte der Evangelien hinein formuliert wurden.

Offensichtlich ist auch, dass aus der Glaubenspraxis der jungen Kirchen heraus Jesus Worte in den Mund gelegt wurden (z.B. zu Autorität und Auftrag der Kirche), die so nicht von ihm kommen konnten. Vieles spricht dafür, dass die ausbleibende Endzeit, die Jesus vermutlich angedeutet hatte, ausblieb. Möglicherweise entstanden erst in der Situation der Gemeinde-aktivitäten (für die Einführung von Neumitgliedern) Sammlungen von Berichten über die Worte und Taten Jesu.

Die vier christlichen Evangelien und die anderen neutestamentlichen Schriften enthalten viele Text-stellen, in denen es um Lohn und Strafe geht. Sie knüpfen an alttestamentliche Vorstellungen an, Vor-stellungen, nach denen eine Ablehnung ‚Gottes‘ und dann des Messias und seiner Botschaft nicht ungestraft bleiben kann. Es sind auf menschliche Maße reduzierte Vorstellungen nicht die einer unbegreiflichen absoluten bedingungslosen ‚göttlichen‘ Liebe.

Wenn wir in den Schriften der Bibel, der Evangelien und der Apostelbriefe Berichte von Erfahrungen, Deutungen, Erwartungen, Hoffnungen sehen und nicht eine von ‚Gott' über seine Gesandten an uns gerichtete Botschaft, so werden diese Schriften deshalb nicht bedeutungslos. Allerdings erkennen wir dann manche Feststellungen in ihrer kulturellen Bedeutung, als eingeschobene Ergänzungen oder Interpretationen verbunden mit konkreten Interessen. Es dient uns dann immer noch als Information und Wegweisung, zu erfahren, wie gerade diese Menschen in der gegebenen Situation von Herausforderungen auf der Grundlage ihrer religiös-spirituellen Suche damit umgegangen sind.

Das Eingeständnis, dass die ‚Heiligen Schriften' nachgeschobene Interpretationen und Überdeutungen enthalten, kann die Grundfesten christlicher Glaubenslehre (Jesus als Gottes Sohn, geboren von einer Jungfrau, auferstanden aus dem Tode) in neuem Licht erscheinen lassen. Eine solche theologische, bildhafte Überdeutung ist denkbar und kann als solche angenommen werden. Es verhindert nicht, dass wir dennoch in den Berichten Ermutigung, Wegweisung und Hoffnung finden.

Die veränderten gesellschaftlichen Bedingungen in modernen demokratischen Gesellschaften laden uns ein, Glaubenshaltungen (welcher Art auch) in ein neues Lot zu bringen.

Im anerzogenen religiösen Wissen (Religionsunterricht, gottesdienstlichen Unterweisungen, Riten und Gebeten etc.) steckt eine Fülle von Bildern über ‚Gott' als Majestät, Richter, der gnädig, erbarmend oder bestrafend handelt. Unser Vertrauen in ihn vermischt sich mit Angst, vor ihm bestehen zu können. Unsere bittenden Gebete um Vergebung von Schuld, um Hilfe, um gnädiges Erbarmen, erfolgen zwischen der Angst vor Nicht-Erfüllung und der Hoffnung auf Erfüllung; sie sind in der Sprache von Herrschaftsverhältnissen unter uns Menschen gehalten unter der Vorstellung von einem majestätischen Gott, der Gnade verteilt oder versagt. Besonders drastisch drückt sich diese Haltung in unseren Bitten für die Verstorbenen aus.

Das Loslassen theologisierter Bilder kann auf dem Hintergrund einer neu gesuchten Begegnung mit ‚Gott' erfolgen, einer ganz persönlichen tiefen Begegnung. Es geht darum, in ein „Ruhen in ‚Gott' zu finden, in dem wir uns mit ihm wie dem Freund in einer bedingungslosen Liebe unterhalten: über unser Lebensgefühl, unser ausweglos erscheinendes Verstrickt-sein im EGO, unser Leiden an der Welt. Wir können so bewusster aus unserer Mitte leben: indem wir die persönliche Verbindung mit dem Lebensgrund (‚Gott') suchen und uns als Teil der Entwicklung des Lebens erleben. Wir wissen, dass es nicht um einen „lieben Gott" geht, wie wir ihn vielleicht unseren Kindern anerziehen. Es geht auch nicht um einen ‚Gott', der als Eigenschaft unendlich lieb ist, sondern der DIE LIEBE ist, bedingungslos und absolut. Und es geht um das Einswerden in der Herzenshaltung mit dieser LIEBE.
Religiöse Pflichten erleben wir als ‚Pflichten', deren Erfüllung anscheinend von ‚Gott' gefordert wird. So erleben wir vorwiegend auch unser Beten als etwas

Gefordertes. Aber wir suchen ihn notwendig aus Eigeninteresse, nicht weil er es fordert. Wenn wir uns darauf einstellen, dass ,Gott' immer unverdient, bedingungslos da ist, dass es nur darauf ankommt, dass w i r uns an ihn wenden, so ergibt sich m.E. aus dieser Haltung ein radikal neuer Zugang.

Wir leben bewusster in der doppelten Dimension, einer vertieften Beziehung nach innen (ruhen im Lebensgrund) und in der Annahme kosmischer Verbundenheit und der Gemeinsamkeit mit allen Menschen.

14 Religiös erziehen

14.1 Grundlinien

Ich will mir hier nicht anmaßen, für oder gegen religiöse Erziehung und auch nicht über ein mögliches Wie zu werten. In Verbindung mit den gesamten Äußerungen zur Lebens- und Weltsicht sollen hier aber einige Aspekte kurz erörtert werden, die m.E. bedenkenswert sind.

- Religiös/spirituell nicht zu erziehen ist auch ein erzieherischer Vorgriff, so wie es religiöse Erziehung an Hand von Vorstellungen ist, die nur in kultureller Verpackung möglich ist
- Das Leben beginnt nicht mit Denken und freiem Entscheiden, sondern damit, dass der Nachwuchs Verhaltensmuster und Überzeugungen vorgelebt bekommt. Aus dieser Prägung kann oder will man später oft nicht oder nur teilweise aussteigen.
- Das Tempo der Lebensvollzüge (Mobilität, mediale Vernetzung, Schnelligkeit in Produktion, Verwertung, Konsum) fördert vermutlich nicht reflektierendes Bewusstwerden
- Spirituell/religiöse Erziehung kann nur eigenes Fragen/Suchen ermuntern und dialoghaft begleiten
- Es gibt – vielleicht in der menschlichen Existenz bedingt - einen Bedarf an Religion, der sich besonders in der Orientierungsphase Jugendlicher auswirkt (Bedürfnis nach Orientierung, Lebenssinn). Diese Orientierung kann nicht nur in ideell

abgeschirmten Gemeinschaften erfolgen. Sie muss sich den Herausforderungen aus naturwissenschaftlichen Erkenntnissen stellen, sie muss sich ihrer Motivationsbasis bewusst werden und ihres Verhältnisses zu anderen religiösen und weltanschaulichen Orientierungen. Sie muss auch die Strukturen ihrer Glaubenspraxis in Einklang mit ihrer Botschaft bringen.

Spirituelle/religiöse Erziehung muss sich einer zweifachen Anforderung stellen:
- Der Transzendenzfrage: dass all unsere Gottesvorstellungen menschliche Bilder sind, d.h. sie müssen so offen bleiben, wie die Zukunft des menschlichen Wesens offen ist. ‚Gott' bleibt für Menschen unfassbar.
- Es gibt Freiheit für den Menschen nur in Befreiung vom EGO. Unsere letztendliche Geborgenheit ereignet sich auf diesem Wege des Eins-werden-wollen mit der geglaubten unbedingten Liebe und folglich auch im Miteinander

Daraus folgen Grundhaltungen religiöser Erziehung:
1. Akzeptanz, Respekt und Rücksicht gegenüber anderen Positionen
2. Empathie, wohlwollendes/mitfühlendes, nicht bewertendes Verstehen
3. Ehrliche, authentische Lebenshaltung
Die Lieblosigkeit der Menschen steht neben der von uns ersehnten bergenden Liebe „Gottes". Im Blick auf

das menschliche Tun flüchten wir in anscheinend rettende Vorstellungen: dass *wir* (im Unterschied zu anderen!) gottgefällig leben, gute Werke tun, ‚Gottes Vergebung' erlangen. Eine andere Sicht ergibt sich m.E. aus der Einladung, wie sie die Evangelien von Jesus berichten: einer Einladung zu reiner, wohlwollender, barmherziger, friedfertiger Herzenshaltung, die uns dann auch zu dem führt, was wir von ‚Gott' erhoffen.

14.2 „Gottesbilder"

Vor Jahrzenten wurden die „sechs Grundwahrheiten" noch als Grundwissen katholischen Glaubens vermittelt. Eine davon hieß: „Gott ist ein gerechter Richter, der das Gute belohnt und das Böse bestraft". Insgesamt war der Grundstock religiöser Erziehung festgelegt. Unsere anerzogenen Vorstellungen von ‚Gott' oder von ‚Gottes Handeln' sind Abbilder unserer menschlichen Beziehungen; sie haben auch wesentlich mit der Sorge um unser Heil im Jenseits zu tun bzw. mit unserer Angst vor Gottes Gericht. ‚Gott' ist für viele von uns noch ein ‚Helfer-Gott' in unseren Bedürfnissen. Manchen von uns machen noch die archaischen biblischen Bilder von ‚Gott' als Herr, Vater, Hirte, Schöpfer, Majestät, Richter etc. zu schaffen, selbst wenn wir diese Bezeichnungen als kulturbedingt zu verstehen versuchen.

‚Gott', ein gerechter Richter, der das Gute belohnt und das Böse bestraft. So steht es als eine zu glaubende Grundwahrheit in alten katholischen Religionsbüchern. Aber die Vorstellung, dass jeder Mensch von Gott nach seinen Taten belohnt oder bestraft werde, ins Himmelreich aufgenommen oder verworfen werde, - solche Vorstellungen liegen den Heilslehren nicht nur (wenn auch besonders ausgeprägt) der monotheistischen Bekenntnisse zugrunde. Das Böse, das Menschen im Laufe der Geschichte sich angetan haben, hat gewaltige Spannbreiten. Doch, wir Menschen können keine Vorstellungen von einem absolut transzendenten ‚Gott' haben, auch oder schon gar nicht von einem strafenden Richter, dem wir bedingungslose Liebe zuschreiben. Wir Menschen werten nicht nur ob richtig oder falsch, wir werten auch ob gut oder böse. Es gelingt uns nicht mal zu beweisen, wie frei Menschen (unterschiedlich) wirklich sind, und damit verantwortlich für ihr Tun. In den biblischen Texten einschließlich des Neuen Testamentes ist einerseits durchaus vom Belohnen und Strafen Gottes die Rede und von einem endzeitlichen Gericht. Aber wir könnten aus den Reden Jesu schließen, dass er von einer „indirekten" Strafe sprach: vom Feigenbau, der keine Früchte trägt, von dem Mann, der seine Talente vergräbt anstatt damit zu wirtschaften, von den Menschen, die ihren notleidenden Mitmenschen nicht zu Hilfe kommen etc. Doch selbst wenn wir annehmen, dass es um unsere Verantwortung geht, dass unser Leben ‚Früchte trägt', die je unterschiedlich darin angelegt sind, dass wir das Richtige und Gute in unseren Möglichkeiten zur Entfaltung bringen, dass wir ganz einfach zu uns selbst finden, so ahnen wir auch hier, wie komplex die Bedingungslage dafür ist. Es erscheint auch weithin plausibel, dass die Voraussetzung für das gute und richtige Tun die Einsicht ist, dass es zu unserem Wohle ist. D.h., wenn wir wirklich davon überzeugt sind – wenn es nicht nur theoretisch (intellektuell) einleuchtet, sondern auch unsere Interessen und unsere emotionale Struktur so erfasst hat, - dann und insoweit würden wir das Gute und Richtige auch tun; es wäre vorteilhaft für uns und eine Belohnung würde sich erübrigen.

Vermutlich spielt in vielen religiösen Vorstellungen die Erwartung nach einem göttlichen ausgleichenden Gericht eine nicht unwesentliche Rolle. In der Konfrontation mit dem leidvollen Dasein stellen sich uns unweigerlich die Fragen nach den Verursachern von Leid. Mögen wir auch erkennen, dass unsere Leiden zu einem guten Teil die Folge menschlicher Gier und menschlichen Geltungsstrebens sind und dass wir ernten, was wir gesät haben. Doch wenn wir feststellen, dass das Unglück die Falschen trifft, dass die Chancen und Lasten des Lebens schreiend ungleich verteilt sind, dass es den Tätern gut geht, während sie ihre Opfer quälen, dass die einen sich abmühen, die Umwelt zu schonen, andere nur ihren Lebensgenuss suchen usw., so vermögen wir kaum einer inneren

Forderung nach ‚ausgleichender Gerechtigkeit' zu widerstehen.

Wie frei und damit verantwortlich der Mensch wirklich handeln kann, ist von zentraler Bedeutung für seine Schuld- und Verdienstfähigkeit, Bestrafung und Belohnung menschlicher Taten. Manche Vertreter der modernen Hirnforschung verneinen, dass unsolidarisches Handeln freiem Willen entspringt und dass es insoweit nicht persönlich schuldhaft sei. Sie sehen Willensentscheidungen allein als Produkt und Zusammenspiel komplexer Faktoren aus der materiellen Grundlage, der Wirksamkeit neuronaler Anlagen, chemischer Botenstoffe, der Außenwahrnehmung und der Dokumentation von Erfahrungen im Gehirn. Noch ist ungeklärt, wie und wodurch dieses Zusammenwirken zum Bewusstseinsakt geschieht. Ohne eine letzte Antwort auf diese Fragen werden wir auf unsere mögliche gemeinsame Zukunft verwiesen. Wir müssen einsehen, dass wir in allem Tun und Lassen nicht nur Opfer sondern auch Täter sind; dass wir unter Menschen leben, die so sind wie wir; dass wir es nicht (nur) uns selbst zu verdanken haben, was wir sind; und vor allem, dass wir mitverantwortlich dafür sind, Leiden zu mindern, uns selbst zu heilen und an einer heileren Welt zu arbeiten.

14.3 Wissen und Glauben

Wissen um die kosmologischen Grundlagen unseres Daseins, wissen um die genetischen Bausteine und Möglichkeiten zu ihrer Veränderung kann spirituellen Glauben nicht gefährden. Dieses Wissen kann vielmehr den Blick frei machen für das, wofür wir im Glauben unterwegs sind, indem diese Informationen vielen unserer gewohnten ,Gottesvorstellungen' den Boden entziehen. Wir erwarten oder befürchten noch vielfach einen ,Gott', der uns in der Not hilft, der uns beschützt oder bestraft. Wir vermenschlichen ,Gott' und ermächtigen uns in seinem Auftrag zu handeln. Auch wenn wir annehmen, dass alles Leben auf Eigenschaften der Materie beruht, also rein materielle Prozesse Leben, Bewusstsein und Liebe hervorbringen, so bleibt der möglich Ausgangspunkt, wie ein autonomes Leben begann, doch unerforschbar. Die Glaubensfrage stellt sich nicht auf der Ebene der Naturwissenschaft. Naturwissenschaften können grundsätzlich nicht über die Existenz ,Gottes' befinden, sie beschränken sich auf die materiellen Erscheinungen. Glauben reduziert sich nicht auf die Fragen, die evolutionswissenschaftlich bisher nicht beantwortet werden konnten. Im Glauben suchen wir nach Sinnzusammenhängen unseres Daseins.

Leiden und sogar der Tod sind Teil des evolutionären Prozesses. Darin erleben wir die Zerbrechlichkeit und die kurze Dauer unseres Lebens; es ermöglicht unsere Anteilnahme und Fürsorge. Wie auch immer wir die

Notwendigkeit oder den Sinn der Leiden und des Todes zu erklären versuchen, keine der möglichen Antworten kann uns befriedigen.

Die großen spirituellen Lehrer Buddha und Jesus hatten den Menschen im Blick, den leidenden, kranken, in seiner inneren Gefangenschaft, seiner Anhaftung und seinem EGO. Beide laden die Menschen zum Weg zur Freiheit ein. Nach der Jesusbotschaft hat das Heil seinen Ausgangspunkt im Vertrauen in die geschenkte, unverdiente, bedingungslose Geborgenheit im ‚Vater‘ (‚Gott‘). Die Evangelien verkünden zwei Grundlagen eines spirituellen Glaubensweges:

- Vertrauen in bedingungslos geschenkte Geborgenheit in ‚Gottes‘ Liebe
- daraus folgende ‚Umkehr‘, als unumgänglich notwendige Absage an das EGO, In mehrfachen Bildern macht Jesus[29] diese Notwendigkeit klar:
  - wenn das Weizenkorn nicht in die Erde fällt und stirbt, bleibt es allein.....Joh 12,24
  - nur wer von oben her geboren wird, kann Gottes neue Welt zu sehen bekommen ...Joh 3,3
  - wer sein Leben erhalten will, wird es verlieren ...Mt 16,25; Mk 8,35; LK 9,24

Zum einen macht Jesus deutlich, welche Herzenshaltung aus der Absage an das EGO erwächst: die Hinwendung zum Mitmenschen und damit zum Willen

---

[29] Gute Nachricht. Neues Testament; Deutsche Bibelgesellschaft, Stuttgart, 1998

Gottes. Er macht es deutlich in seinem Programm, wenn er glücklich preist

- *die nur noch von Gott etwas erwarten,*
- *die unter dieser heillosen Welt leiden,*
- *die auf Gewalt verzichten,*
- *die danach hungern und dürsten, dass sich auf der Erde Gottes gerechter Wille durchsetzt,*
- *die barmherzig sind,*
- *die im Herzen rein sind,*
- *die Frieden stiften,*
- *die verfolgt werden, weil sie tun, was Gott will (Mt 5,3-10)*

Am Anfang steht immer das Vertrauen in/bzw. die Erfahrung der unverdienten, geschenkten Geborgenheit. Wir können die Existenz dieses uns tragenden ‚Gottes' nicht beweisen. Aber indem wir uns aufmachen in ihn zu vertrauen, eröffnet sich uns ein neuer Blick auf das Leben und die Welt: indem wir wissen, dass wir nichts zu befürchten haben, nichts zu verlieren, können wir unsere offenen und verborgenen Ängste los lassen, unsere EGO-Interessen überwinden.

Ist ein solches Vertrauen eine rein subjektive Konstruktion, Einbildung? Was wir im Unterbewussten und intuitiv erleben, was wir ersehnen und erwarten ist nicht messbar real und doch Teil des realen Lebens. Es kann dabei nicht darum gehen, rein intellektuell an ein derartiges Angenommen-sein zu glauben. Es wird auch nicht so feststellbar sein, dass wir spüren, dass ‚Gott' sich um uns kümmert und wir das konkret feststellen können, somit glauben können. Diese Sicherheit erwächst uns auch nicht aus unserer religiösen Betätigung, aus dem, was wir glauben ‚Gott' zu geben (Gebete, Gottesdienste, Beachten von Geboten….). Wir werden dabei vermutlich mit Zweifeln konfrontiert, ob unser Tun und Lebensinhalt hinreichend solidarisch für Mitmenschen ist, ob wir mit dem gesamten Lebenswerk in Einklang mit ihm (‚Gott') sind. Der Ausweg aus diesen Ängsten liegt darin, dass wir ehrlich den Wunsch aktivieren nach einer Herzenshaltung, die in Einklang mit ‚Gottes' Willen ist.

14.4 Beten als unser Ausdruck von Glauben

Schaut man christliche Gebetstexte an, so findet man darin ein mehrfaches Anliegen ausgedrückt:
- Beten um Gnade, Vergebung, Aufnahme in den Himmel (s. Beerdigungsgebete)
- Bitte um Hilfe in eigener Not und in Notlagen der Menschen
- Dank für Erfolg und Wohlergehen (Tischgebete etc.), für Gottes Wirken
- Lobpreis, Anbetung

Noch verbirgt sich hinter der christlichen Gebetspraxis ein Pflichtgefühl, etwas von ‚Gott' Gebotenes zu tun, nicht nur ‚für Gott' Zeit zu haben. Bitten um Schutz, Vergebung, Gnade sind noch ein zentrales

Gebetsanliegen. Die Gebete sind nicht selten so formuliert, als wollten wir ‚Gott' nach der Art weltlicher Herrscher huldigen, zufriedenstellen, für unseren Schutz und Hilfe und seine Vergebung gewinnen, für unsere Interessen vereinnahmen.

Naturwissenschaftlich geprägtes Denken und unser Loslassen überholter religiöser Vorstellungen verunsichern uns in unserer ‚Du-Wahrnehmung' von ‚Gott'. Die neu entdeckten kosmischen Dimensionen unseres Seins in der Welt und naturgesetzliches und technisches Denken lassen alte Vorstellungen von ‚Gott' als naiv menschlich erscheinen. Doch Beten ohne ein Du im Gegenüber erscheint uns kaum möglich. Wir sind menschlich auf den Personenbezug festgelegt.

Beten als ein ‚Ruhen in Gott', ein inne werden, dass ‚Gott' bedingungslose Liebe und Gegenwart ist, öffnet den Weg zur Sehnsucht, mit seinem Wesen und Willen einig zu werden. Aus den Texten der Evangelien können wir schließen, dass Jesus besonders das achtsame Gespräch in der Stille mit dem ‚Vater' im Himmel empfohlen hat, der bereits weiß, was wir benötigen (Mt 6,8; 9-13; Lk 11,2-4). Wie er uns zu beten empfiehlt, ist ganz konzentriert auf den Wunsch, dass das Reich Gottes kommen möge, sein Wille nach Gerechtigkeit und Liebe in uns angenommen werde in Solidarität, Vergebung und in der Absage an das EGO. Diese Anliegen sind uns aus dem „Vater unser" bekannt. Sie entsprechen ziemlich gut den in der

„Bergpredigt" ausgesprochenen „Seligpreisungen" (Mt 5,1-12).

14.5 Ein spezfischer religiös-spiritueller Beitrag

Aus den vorangegangenen Erörterungen ergeben sich mehrere Fragen:

- Wie verhält sich „Glauben" zum wissenschaftlich überprüfbaren Wissen über das Dasein?
- Was bringt „Glauben", was die ethisch-sozialen Regeln einer demokratischen Gesellschaft in Ansätzen nicht bereits enthalten und weiterentwickeln?
- Führt religiöser Glaube zu emotionaler Ausbeutung indem es den Wunsch(/die Erwartung eines glücklichen Jenseits nährt und so den eigenen Widerstand gegen leidvolle Zustände und das Engagement für Veränderungen schwächt?
- Fördert religiöser Glaube Angstfreiheit und Selbstwertempfinden oder doch häufig unterwürfiges Verhalten?

Christliche Gemeinden in unseren demokratischen Gesellschaften strahlen nicht die Dynamik der Botschaft Jesu aus, etwa so, wie sie von den urchristlichen Gemeinden erzählt wird (Apg 4,32)[30]. Wie kam der begeisterte Aufbruch nach Jesu Tod zustande? War es nicht die aufkommende Erkenntnis, dass seine Mission durch den schmachvollen Tod nicht gescheitert war, sondern der Durchbruch zum Leben, dass die Propheten mit ihren Prophezeiungen recht behielten (LK 24, 13-27)[31]. War es nicht dieser Weg, den Jesus empfahl: Geborgenheit im „Vater" und daraus eine Herzenshaltung von Solidarität (Mt 5, 9-13) M.E. liegt in dieser zweifachen Dimension die spezifisch christliche Motivation:

- zu vertrauen in die bedingungslose absolute Geborgenheit im Lebensgrund
- Aus diesem Vertrauen heraus frei zu werden, selbst heil zu werden von Ängsten und EGO-Interessen und so zu einer wohlwollenden und solidarischen Haltung zu finden, aus innerer Notwendigkeit und nicht aus Sorge um unser Seelenheil.

Christliche Motivation kann die bürgerlichen ethischen Bemühungen für ein solidarisches Miteinander bejahen, bestärken und aus der Quelle christlichen Vertrauens interpretieren.

---

[30] „All die vielen Menschen, die zum Glauben an Jesus gefunden hatten, waren ein Herz und eine Seele. Niemand von ihnen betrachtete etwas von seinem Besitz als persönliches Eigentum; alles was sie besaßen, gehörte ihnen gemeinsam"

[31] „Da sagte Jesus zu ihnen: ….Warum rafft ihr euch nicht endlich auf zu glauben, was die Propheten gesagt haben?.Musste der versprochene Retter nicht dies alles erleiden….."

Die aktuelle globale kulturelle Öffnung und der Umgang mit Menschen anderer Religionen und Weltanschauungen, - darunter solchen, die deutlich fundamentale Glaubenshaltungen vertreten - , macht deutlich, wie wichtig es ist, dass wir selbst wissen, wo wir stehen und dass wir unsere spezifische spirituelle Lebens- und Weltsicht in den Dialog bringen können. Der äußere, institutionelle religiöse Rahmen von Religionsgemeinschaften scheint aktuell in Bedrängnis; kann eine inhaltliche Identität neue Dynamik bringen?

In unserer Zeit mit enormen technischen Errungenschaften wird die Priorität des Beweis- und Überprüfbaren besonders stark gegenüber religiös-spirituellen Erwartungen, Hoffnungen und bezeugten Erfahrungen betont. Eine positive Wirkung davon ist, dass wir gar manche religiösen Versprechungen, Gottesbilder und ,gottgegebene' Verordnungen als menschlich kulturelle Produkte entzaubern[32] und dass es uns drängt, uns auf den Kern unserer religiös-spirituellen Motivation zu besinnen.

Hierzu zählt zunächst das grundlegende menschliche Verlangen nach Geborgenheit und Anerkennung. Die religiös-spirituelle Ebene knüpft hier an und interpretiert es in Richtung des Vertrauens in eine absolute unbedingte Geborgenheit im Lebensgrund, ohne dass dies mit festen Vorstellungen von einem ,Gott' oder einem ,Jenseits' verbunden wird. Der zweite grundlegende menschliche Anknüpfungspunkt ist „das

---

[32] Großbölting Th., S. 257ff

moralische Gesetzt in uns". Auch diese Anlage erfährt eine spezifische religiös-spirituelle Interpretation. Das Vertrauen in die absolute unbedingte Geborgenheit im Lebensgrund bleibt dabei kein egoistischer Akt des Trostes, des Verdienstes oder der eigenen Leistung, sondern ereignet sich in einer Herzenshaltung der Lösung vom EGO, der Hingabe, des Eins-werden-wollen. Eine Herzenshaltung des Wohlwollens und der Solidarität bezieht ihre Richtung und Dynamik aus diesem Vertrauen.

Es sind Aspekte, die auf zwei große Herausforderungen unserer Zeit antworten: Probleme der Unsicherheit und des solidarischen Miteinanders in einer ‚globalisierenden Welt'. Es sind Aspekte, die auf der harten Ebene menschlicher Erfahrungen ansetzen, eine Interpretation anbieten, deren Realitätswert in eigenen Erfahrungen überprüfbar ist. Es sind Aspekte, die sich auf allgemein menschliche Erfahrungen und nicht auf geglaubte theologische und moralische Positionen und damit religiös Trennendes beziehen.

In säkularisierten demokratischen Gesellschaften mit gelockerten sozialen Bindungen, mit einer breiten Zugänglichkeit von Forschungswissen, mit Freiheit der Meinungen und der Lebensführung müssen die Herausforderungen und die damit verbundenen Unsicherheiten in der Welt- und in der eigenen Lebenssicht in persönlichen Entscheidungen bewältigt werden. Die Flucht in einfache Orientierungslinien, in fundamentale religiöse Ordnung mag als sich rechtfertigende Antwort auf die bedrohenden Umbrüche verständlich erscheinen. Mit einer neu gefundenen spirituellen Lebensorientierung ist ein echter Dialog mit den naturwissenschaftlichen Erkenntnissen und den Herausforderungen durch globalisierte Lebensbedingungen möglich.

Anhang. Biografische Informationen

Ein Selbstzeugnis über meinen spirituellen Weg ist objektiv nicht überprüfbar. Ich bin auch nicht immun gegen die Versuchung, den eigenen Weg in einem ‚guten' Licht erscheinen zu lassen. Diese Vorbehalte vorausgeschickt, will ich doch versuchen, zusammenfassend den spirituellen Weg zu skizzieren.

Vermutlich bedingt durch die Existenzsituation in der Herkunftsfamilie entwickelte sich in mir eine autoritätskritische, wenn nicht gar ablehnende Haltung. Dies hat in der Vorbereitung auf den kirchlichen Dienst und dann in dessen Ausübung dazu geführt, dass ich meinen eigenen Weg gesucht habe und mich nicht wirklich von den Vorgesetzten führen ließ.

Diese Haltung führte mich den ‚Weg von unten': Erlebte ich als Heranwachsender und noch im kirchlichen Dienst das Glaubensleben als ‚Glauben an' eine vorgegebene Botschaft, so wurde es später zu einem Suchen des Geistes und Herzens nach unbedingter Geborgenheit und dem Weg zum Miteinander.

Es scheint mir, dass ich für den beruflichen Weg fast automatisch auf die kirchliche/theologische Schiene gekommen bin. So bin ich sicher auch dem Reiz der Würde kirchlicher Ämter gefolgt, die Ende der 1950iger, Anfang der sechziger Jahre in kirchlichen Kreisen noch zelebriert wurde, d.h. in meinem Alter unter 21 Jahren. Schrittweise haben sich aber andere

Sichtweisen zielführend immer deutlicher heraus-gebildet: nicht die abgehobene Lebensführung kirchlicher Würdenträger mitzumachen, weil sie mir mit der biblischen Botschaft und auf dem Hintergrund des Existenzkampfes im Elternhaus unvereinbar schien.

Im Rahmen des theologischen Studiums habe ich mich mit besonderem Interesse mit biblischer Exegese und den frühchristlichen Schriften befasst.

Später, im kirchlichen Dienst habe ich mich zunehmend von gottesdienstlichem Engagement entfernt. In diesem Rahmen sah ich kaum Möglichkeiten für einen Austausch religiös-spiritueller Erfahrungen. Ich suchte den Kontakt zu den Jugendlichen und zu ihren Eltern außerhalb der kirchlichen Veranstaltungen. Den priesterlichen Dienst erlebte ich dagegen als Einsatz für das „kirchliche System" mittels Verkündigung (Religionsunterricht, Predigten und andere religiöse Anleitungen), Sakramentenfeier (bs. Messfeier, Taufe, Erstkommunion, Beichte, Hochzeit, Beerdigung) und anderen religiösen und kulturellen Aktivitäten. Dabei wurde mir erdrückend deutlich, wie „christlich leben" unmittelbar an der Beteiligung in diesen Aktivitäten gemessen wurde.

Mit diesem *Dilemma* habe ich viele Jahre innerlich gekämpft. Meine inzwischen gewonnene soziologische Sicht bestärkte mich darin, zwischen den Fragen der Menschen und ihrem Suchen nach einem transzendenten Sein, dem Umgang mit unserem eigenen Kompass einerseits und dem kulturellen religiösen Bau ('Religion' mit Lehren, religiösen Geboten und Verpflichtungen, Autoritäten) andererseits, zu unterscheiden.

Zum einen erlebte ich, dass bei Erstkommunion, Firmung, Trauungen und Beerdigungen die Bedürfnisse im Vordergrund standen, Lebensabschnitte feierlich zu markieren. Zum anderen empfand ich – und dies war entscheidender -, dass von den zentralen Vorgängen der Taufe und Eucharistiefeier kein wirklich lebensverändernder Impuls ausging. Kirchliches Gemeindeleben vollzieht sich in der Hauptsache in der Verbindung von rituellen Aktivitäten (Gottesdienste etc.) und Gemeinschaftsleben. Oft führt dies allerdings zu einer Beschäftigung der Gemeinde mit sich selbst.

Auch meine Erfahrungen im Engagement zu interkulturell-interreligiösem Dialog über drei Jahre vor Ort hat diese Wahrnehmung bestätigt. Gespräche waren nur ein Austausch von Meinungen zu Themen oder zu Fragen der Interpretation von religiösen Textstellen, zu Unterschieden in kulturellen, rituellen und organisatorischen Inhalten.

Heute erscheinen mir religiöse Angebote insgesamt als religiöse Regelwerke, die sich geschichtlich kulturell je unterschiedlich herausgebildet haben. Sie verhindern in weiten Teilen eine individuell aktive, authentische spirituelle Orientierung.

Ich erlebte immer drängender die Notwendigkeit, allen Lebensfragen aus naturwissenschaftlicher Sicht zu begegnen, offen zu sein gegenüber naturwissenschaftlichen Erkenntnissen zur kosmischen und biologischen Evolution, dem Aufbau, der Funktionsweise und Entwicklung der Dinge und des Lebens und der Entwicklung des Bewusstseins.

Die spirituelle/religiöse Suche nach dem transzendenten Sein und nach dem Weg zum Miteinander der Menschen erscheint mir heute als Kern allen Glaubens: nicht als Wissen oder Bekennen, sondern als Herzenshaltung. Jeder Mensch wird mit diesen Fragen konfrontiert und macht dazu eigene Erfahrungen: mit unserem EGO auf der einen Seite und dem was wir als gut und richtig erkennen können, mit unserer Sehnsucht nach letztem Gelingen und unserer Verstrickung in begrenzten Daseinswerten, zwischen unserem ‚Sein' und unseren Werken.

Zeitfracht Medien GmbH
Ferdinand-Jühlke-Straße 7
99095 Erfurt, Deutschland
produktsicherheit@kolibri360.de